珠像寺
布達拉廟
福壽廟
北枕雙峯
南山積雪
斗姥閣
梨花伴月
水月菴
瀑布
文津閣
臥碑
水流雲在
鶯囀喬木
山神廟
煙雨樓
試馬埭
濠濮間想
甫田叢樾
萬樹園
泉源石壁
如意洲
澄輝樓
熱河
前宮
八方亭
雙湖夾鏡
長虹飲練
萬壑松風
雲山勝地
御路坡
綺望樓
烟波致爽
澹泊敬誠
午門
宫倉
倉門
武廟
紅廟山

普寧寺
普佑寺
安遠廟
普善寺
普仁寺
永佑寺
樂成閣
惠迪吉
金山
鏡水雲岑
冷香亭
花神廟
流杯亭
清音閣
勤政殿
龍王廟
清舒山館
文園
德匯門
都統衙門
八旗營房
御馬圈

中国佛教美学典藏

总主编

高建平　尹　佃

各分部主编

佛教绘画部　丁　方

佛教造像部　张　总　王敏庆

佛教书法部　何劲松

各分卷作者

造像经典与仪轨　王敏庆　普　能　著

石窟造像（上下）　何　莹　全　薇　著

地面寺院造像（上下）　宋伊哲　著

出土及传世造像　王敏庆　杨小娟　吴源虹　著

经卷佛画　张建宇　著

石窟壁画　张俊沛　著

绢帛佛画　刘　韬　著

禅意绘画　陈粟裕　著

禅德墨迹　聂　清　著

佛教碑刻　胡吉连　著

敦煌写经　李逸峰　著

佛塔建筑　王　耘　著

伽蓝建筑　徐　翥　著

主要编辑、出版人员

社　　长　刘祚臣

副总编辑　刘金双

主任编辑　曾　辉

编　　辑　（按姓氏笔画排序）

于淑敏　马　蕴　王　绚　王　廓

王一珂　王慕飞　冯　然　邬四娟

刘金双　李　静　李玉莲　宋焕起

林思达　易希瑶　帖慧祯　胡春玲

郭银星　黄佳辉　曹　来　盛　力

程　园　曾　辉　鞠慧卿

特约审稿　汤凌云　韩　伟　陈丽丽　王怀义

装帧设计　今亮后声

排　　版　博越创想

伽蓝建筑

内容简介

本书为读者勾勒中国伽蓝招提营造之建筑格局大观，以时代宗教文化演进为主题，关注单体建筑的形制配置，始自汉魏六朝异域建筑汉化的堂塔之变，进乎唐辽诸宗并立、重院高阁的全盛模式，终于宋元禅林与明清山寺的融合与地域化。又因西藏地区在佛教制度、文化、传播等诸多方面的独特之处，故最后别辟一章，展现7至19世纪之间另一种中国化的佛教建筑演变进程。

徐翥

1984年生，成都崇州人。本硕分别就读于浙江大学与香港大学建筑系。师从王维仁教授，2016年获得香港大学博士学位，毕业论文题为《大同善化寺：中古寺院的建筑与密教仪式》。曾任教于香港大学建筑系，现为哈尔滨工业大学（深圳）建筑学院副教授。研究领域包括古代佛教建筑及大湾区建筑文化遗产。

国家出版基金项目
NATIONAL PUBLICATION FOUNDATION

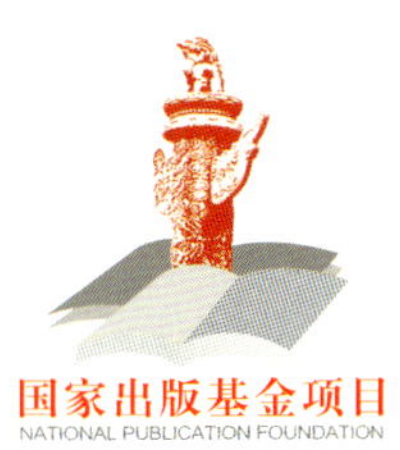

高建平　尹佃
—总主编—

中国佛教美学典藏

佛教建筑部

伽蓝建筑

徐翥 — 著

中国大百科全书出版社

图书在版编目（CIP）数据

中国佛教美学典藏．伽蓝建筑／高建平，尹佃主编；徐翥著．—北京：中国大百科全书出版社，2024.5
ISBN 978-7-5202-0909-0

Ⅰ．①中…　Ⅱ．①高…②尹…③徐…　Ⅲ．①佛教—美学—研究—中国　Ⅳ．①B948

中国版本图书馆 CIP 数据核字（2021）第 021882 号

出 版 人　刘祚臣
策 划 人　曾　辉
责任编辑　易希瑶
责任校对　邬四娟
责任印制　李宝丰
封面设计　今亮后声
排　　版　博越创想
出版发行　中国大百科全书出版社
地　　址　北京市阜成门北大街 17 号
邮政编码　100037
电　　话　010-88390969
网　　址　http://www.ecph.com.cn
印　　刷　北京雅昌艺术印刷有限公司
开　　本　889 毫米 ×1194 毫米　1/16
印　　张　12　　拉页 4 面
字　　数　146 千字
印　　次　2024 年 5 月第 1 版
　　　　　　2024 年 5 月第 1 次印刷
书　　号　ISBN 978-7-5202-0909-0
定　　价　380.00 元

总序

这部多达十五卷的佛教美学和艺术的总汇，是聚数十名专业研究者，积八年之功完成的一项宏大工程。在过去的这些年里，各位参与者都很辛苦。现在，终于苦尽甘来，欣喜之感油然而生。

当前，我们正处在中国式现代化建设的伟大进程之中。要建设中华民族现代文明，就要将现代理论与优秀传统文化遗产相结合。中国佛教艺术是中国传统文化和美学的一个重要组成部分。古人给我们留下了许多精美的艺术珍品，值得我们花大力气去整理、总结，站在现代的立场进行思考、研究。

在五千年的中华文明史中，最初一千多年，中华美学思想的萌芽可从巫史传统和工艺创造中体现。当时的人留下了丰富的实物，给我们提供了对那个时代文化状况的丰富的想象空间。其后，从商到周，出现了精美的青铜器皿，形成了发达的礼乐文化，在实物、操作和观念这三个层面推动了中华美学思想的形成和发展。佛教是发源于印度的宗教，传入中华大地以后与中国原有的礼乐文明碰撞交融，经历了一次外来思想中国化的过程，由此造就了文明的更新。

中国的礼乐文化在周朝兴盛，历经春秋战国，尽管礼崩乐坏，但还是有人竭力保存，到秦汉时仍有所传承。礼乐文化服务于周王室，通过分封的等级制度，实现以上化下、以夏化夷的政治设计。秦汉以后，分封逐渐消失，大一统的帝国逐步形成。这一时期，社会的上层与下层相距遥远，礼乐仍在上层社会的一些礼仪性活动中施行，这时就需要宗教在下层起到填补审美需求空间的作用。

在欧洲，希腊式的城邦制度解体，原来的希腊 - 罗马宗教体系只在上层社会被维持；而基督教则从社会的下层开始发展，得到广大民众的支持，最终迫使罗马皇帝改宗，同时也在巨大的罗马帝国范围内流传，成为世界性的宗教。在中国，佛教在一定意义上也起着这样的作用。从汉代到唐代，普通民众的审美需求成为佛教兴盛的土壤。正是由于这一原因，通过满足社会中下层民众的审美需求，佛教的审美理想和艺术创造在文明的深处扎下了根。

中国佛教美学有着一些突出的特点。

第一是理想性。这种理想性与非现实性、虚无和出世的观念结合在一起。这在华严宗和净土宗等宗派的思想中有明显的表现。它们所追求的净土，并非存在于现实的此岸世界，而是在理想的彼岸世界。它们的美，也从属于那个世界。现实的美只是彼岸世界美的影子。

第二是通过悟来感受世界。通过悟获得真美，或是苦修而悟道，或是禅宗所主张的顿悟——机缘触发，瞬间就能得道，即达到真美的境界。

第三是偶像崇拜。各种源于犹太经典的宗教，无论是犹太教、基督教，还是伊斯兰教，都流传逃出埃及的以色列人由于崇拜偶像而引起摩西震怒的故事，从而形成各种反偶像崇拜的传统，有的弃绝一切形象，有的不准造圣像。即使后来最热衷造像的天主教，也是依据一套“愚人的《圣经》”的说辞，即运用图像给不能阅读的人演绎《圣经》故事，提供图像存在的理由。这样一来，天主教的图像只是神圣故事的演绎，其本身不具有神性；圣徒所崇拜的不是偶像，而是通过图像感受神的道理。与此不同，尽管佛教早期也有过一段无佛像时期，但后来很快就有了对佛像的普遍接受。佛教的造像被认为其本身就有神性，是神的化身。

第四是宏阔的时空观。源于犹太经典的各种宗教都具有关于世界起源的传说和关于世界末日的预言。佛教则不同，不认为有起源和末日，而认为世界在时间上是无限的，循环往复，以至无穷；在空间上也是无限的，无所谓中心、边缘。体现在美学和艺术上，佛教就具有一种超越时空、追求无限的美学观念。

第五是和谐圆融的审美境界。美的理想是一种圆，但这不是毕达哥拉斯的数学上的圆，而是圆融的生存境界。佛教讲世界和谐，这又是通过圆的意象得到体现。

本套书共分四部十五卷，涉及书法、绘画 、造像、建筑等。

佛教书法部共有四卷，即《敦煌写经》《佛教碑刻》《禅德墨迹》和《禅意绘画》。

在印刷术流行之前，佛经的流传主要靠人工抄写。在这方面，敦煌藏经洞给我们留下了大批人工抄写的佛经。当时传抄佛经是基于保存和流传的需要，同时佛教徒们也将抄写佛经当成一种修行，通过艰辛的抄写工作以积累功德。这不仅为我们留下了大量的经典，同时也留下了重要的对当时的书写进行研究的材料。绝大多数佛教徒在抄写佛经时，都有一种虔敬的心态，他们书写认真，字迹清楚、容易识读。在字体上，楷、行、草三体均有，但以楷书为主。

佛教碑刻包括佛经碑刻、造像题记及寺塔碑碣。这些碑刻用途不同，风格上也有差异，但大体上是以隶书和楷书为主，风格上庄严静穆，偶有装饰意味。

禅德墨迹包括具有文人趣味的禅僧的书法作品，以及受禅宗思想影响的文人的书法作品。这些作品风格自由活泼，字体多为行书和草书，通过笔墨直抒胸臆，表现内在的情感。

禅意绘画，最初是画者致力于表现禅理，强调直觉性和感悟性，并以此使绘画超越形象的描绘。这种绘画追求推动了中国绘画意识的发展，并且与文人绘画结合，对中国绘画观念的发展和转折起到了关键作用。

佛教绘画部共有三卷，分为《石窟壁画》《绢帛佛画》《经卷佛画》，各有其鲜明的特点。

石窟壁画是指画在石窟壁上的绘画。壁画是人类最为古老的一种绘画形式。中国佛教石窟壁画主要存在于西域地区，以佛像和佛教故事为主要题材，也包括对佛国之境的描绘，其中乐舞飞天的壁画穿越千年，给人以惊艳之感，成为当代众多艺术创作的灵感来源。石窟壁画大多受印度绘画人物造型的影响，又开始具有中原绘画的元素，成为中西艺术风格结合的最早范例。

绢帛佛画以敦煌藏经洞绢画为主，现多藏于英、法、俄、德等国的博物馆中，日本、印度、韩国等国也有保存。这些绢画所画的形象不同，有佛、菩萨、罗汉、武士，以及供养人。从这些画中可看出中国绘画中线条之美的来龙去脉、中国绘画色彩的源与流。宗白华区分了中国艺术的错彩镂金之美与芙蓉出水之美，绢帛画大体属于错彩镂金一类。

经卷佛画，即佛经中的插图或附图，包括佛教经卷的卷首画（也称扉画）、随文插图、卷末的拖尾画。从制作技艺来看，经卷佛画分墨绘佛画和版画，雕版印刷繁盛时代出现了讲述各种佛经故事的版画。对经卷佛画的研究很有价值，但过去研究不多，本卷是对此研究领域的开拓。

佛教造像部内容最为丰富，分为《石窟造像》《地面寺院造像》《出土及传世造像》《造像经典与仪轨》。

《石窟造像》分上、下两卷。上卷讲新疆和中原北方石窟，下卷讲南方和藏传佛教造像。将这些不同地域、不同时代所创作的造像放在一起来对比，可以清晰地看出这些造像的造型和艺术风格在文化交流中留下的痕迹和在时代变迁中的沿革。

地面寺院造像则呈现出多样性和变动性。遍布西域和中原大地的佛寺中的造像，以及在藏区的藏传佛教寺庙中的造像，呈现出各自的地域特点；经过千年变化，又呈现出不同的时代特点。尽管佛像有“千佛一面”的说法，但不同地域、不同时代佛像的差别仍鲜明地体现出来。

出土及传世造像可称为前两种佛教造像的补充。这些造像被发现和保存，具有极大的偶然性。它们不像石窟造像，可系统发掘；也不像现存寺院里的造像，原本就有完整布局，具有系统性。这种出土及传世造像相对零散，其系统性需要研究者构建。

《造像经典与仪轨》是很特别的一卷。该卷对佛教造像特点和主要菩萨、天王等形象的基本框架做了概述，还对佛教活动的空间、所用法器等做了阐释。

佛教建筑部共两卷，一卷讲伽蓝，一卷讲佛塔。

《伽蓝建筑》主要讲历代的中土佛寺及藏传佛教的寺庙。正像欧洲历史上的建筑集中体现于教堂一样，佛教寺庙亦成为中国古代建筑的典范。本卷分朝代展示中国古代的寺庙，并对藏传佛教的寺庙做了专门的论述。

《佛塔建筑》专门论述佛塔。佛塔造型精美，是中国古代建筑精华所在。佛塔近可与寺庙组成一个整体，高耸的塔在建筑群中起画龙点睛的作用；远可装点河山，在自然山水中加上人工点缀。佛塔原本是瘗埋高僧圆寂后遗体和珍藏舍利的地方。它既是死亡之所，又是涅槃和超越之地。生死之事，永远是最大的事，这与僧人生活有密切关联，也使塔有了人情、人性、理想等多种意味。

佛教美学和艺术的内容丰富多彩，包含各个艺术门类。除本套丛书所介绍的之外，还包括诗词、音乐、歌舞等。我们的想法是，在现阶段能做什么，就先做起来。希望这套典藏为更全面地研究中国佛教美学起奠基作用；也希望将来在此基础上，借助新媒体，使中国佛教美学的精华得到更为全面的展示。

在最初组织这一课题组之时，我们的计划是，从几个主要的佛教艺术门类中，选取最有代表性的作品，给予精要的说明，以形成佛教美学的一个总汇。其目的在于，将佛教美学的精华在一个选本系列中汇总起来，将一些平时很难见到、只有专家才掌握的佛教艺术作品的图片加以集中，配以解说，从而使这些作品受到人们的关注。佛教从两千多年前开始传入中国，带来了佛教美学和艺术，在中国大地上生根、开花，与中国原有的传统结合，再经过历代僧俗信众的传承和创新，形成了璀璨多彩的中国佛教文化。中国佛教文化成为中华文化的一个组成部分，在世界文化史上也具有重要意义。在今天，加强佛教美学的学术研究，对佛教艺术的普及，对大众熟悉和了解佛教文化，对传承和弘扬中华优秀传统文化，都是一件功德无量的事。

记得第一次开编纂工作会，任务是明确大脉络的分工，确定各卷的主持人和基本研究队伍，划定各卷内容的边界。各位参编者的热情都很高。大家一方面认为，这件事很重要，编出的书会很宏伟壮观，成为一个大制作；另一方面也认为，这方面的书过去很少，有了一个好的立意，再加上选对了人，编起来不会费多大的劲，不过是将相关领域的专家集中起来，将原本就熟悉的材料以一个新的、对读者更具有亲和力的形式重新组织一遍而已。

到了真正上手去做才发现其中的种种艰难。材料难找，解说不好写。历史事实考证清楚，解说内容正确，这是基本的要求。这方面的要求，说说容易，做起来就有难度。不仅如此，由于这套书冠名美学，在选材时体现美学视角、在解说中体现美学阐释就很重要，对于长期致力于事实考证的专家来说，这种工作也有一定的难度。在撰写过程中，有人畏难退缩，有人赶不上进度要求，但是，这样一个庞大的工程，开弓没有回头箭，再艰难也要做下去，并且要保质保量地完成。

在这几年的工作中，撰稿和编辑人员都付出了巨大的努力。他们不仅研读既有的书籍、史料和画册，还要遍访全国各地的代表性寺院。最让我感动的是，他们跋山涉水，带着沉重的拍摄器材到现场拍摄。为了获得最佳的拍摄角度，课题组还购置了无人机，以便在人无法到达的角度进行拍摄。他们的努力，为这套书提供了大量精美的独家图片。

在此期间，课题组多次在北京召开会议；还远赴广东、山西等地，举行各种工作会议。每次会议都力求实效，解决编写过程中所出现的各种具体问题，包括工作分工、人员配备、文字质量、图片规格和要求、工作进度，以及编撰者与编辑如何相互配合以加快进度，等等。为了深化这套书的美学特色，我们还邀请了几位对中国古代美学有研究的学者对文字内容进行了审阅，提出了许多具体的修改意见。

现在，书稿终于付印了。感谢参加撰写《中国佛教美学典藏》的各位作者，各位均为对佛教美学和艺术有深厚研究基础的专家。他们不辞辛劳，集中精力，终于使这项巨大的工程得以完成。更令我们感动的是，著名佛门高僧尹佃法师自始至终参与我们的策划立项、内容框架研讨和后期编纂工作，多次参加编纂工作会议，提出重要意见。中国大百科全书出版社的郭银星和曾辉两位接力领导的编辑团队，对这项工作极为负责，在编辑出版过程中提供了周到而贴心的服务。本书是各位辛勤劳动的结晶。

佛教艺术和文化是中华美学的一个重要组成部分。中国佛教之美是先人留给我们的一笔宝贵遗产。同时，它又是在当代充满生命力的活的美学。我们带着对文化传统的虔敬之心来整理这份遗产，又以面向当代、面向世界、面向未来的态度，带着责任感和使命感，以激发传统文化在当代的生命力为目的，来审视并引领中国美学的辉煌未来。

总论

《中国佛教美学典藏》是佛教信仰及佛教历史的文化形态在审美维度上总体的还原和呈现，是佛教信仰及佛教历史的文化形态中所蕴含的丰富的审美意蕴和内容，而佛教建筑是其中不可或缺的部分。

人类营造建筑的目的，既多元又复杂，不纯粹，实用与超越并存，建筑营造往往围绕人的活动而展开，是孕育人类审美活动的“母体”之一：人的身体的存在需要建筑，人的社会群体的存在需要建筑，人的精神信仰的存在同样需要建筑，种族、民族、地域、宗教、时代、生产生活的习俗，无一不对建筑产生重要影响，而建筑终究为人而存在，即便建筑中可能贮藏食物、牲畜、法器、道具——“非人”，关押野兽、罪犯、囚徒——“反人”，乃至供奉神灵和装殓尸体、存放棺椁——“超人”和“死人”。即便有朝一日，人类崇尚起“自然”，去膜拜“荒野”，以至于执着追求元宇宙、二次元中超越人性的后人类文明，建筑也始终会与人类相伴相随——建筑不等于城市，不同于工业，不仅是理性，更不能用唯人类中心主义的暴力话语模式来涵盖和“誊写”，建筑的本义是一种被创造的空间。另外，人类的审美活动也首先是在建筑体内发生的，建筑如同人之审美的“原点”——不仅“宇宙”二字写作宝盖头，就连“审美”的“审”字，亦写作宝盖头，即中国古代北方屋顶“两面坡”两下四注的交覆原型。这一“原点”会如涟漪一般扩散、衍生，变幻出无与伦比的审美意境。

佛教建筑借助佛教的兴起和传播，在佛教所到之处，一路风生水起，添枝散叶、开花结果。原始佛教、小乘佛教时期的主题建筑多与个人实修有关：窟是僧伽生前修行之地，塔是僧伽死后修证之所。大乘佛教建筑则为信徒提供了更多的公共空间和恢宏造像，人们聚集在伽蓝寺院里，在佛殿中供奉诸佛、菩萨、弟子，瞻仰、礼敬佛塔中瘗埋的法卷和舍利。除此之外，寺庙还提供客舍，是诗人、书家、画匠、官宦等题壁吟哦，展现艺术天分的"梦工厂"。佛教文化的中心从印度东迁到中国后，中国的佛教建筑、日本的佛教建筑、韩国的佛教建筑等东亚佛教建筑又与东南亚的佛教建筑交相辉映，映彻琉璃。成熟时期的中国佛殿已与帝王将相的殿堂结构无异，只不过仍在讲述佛教的变文故事；塔的中国化程度更高，走向极致，从死的阴霾和狞厉中脱颖而出，与高耸的楼阁阙表结合，成为人们登高望云、凭栏远眺、仰观俯察、体悟生命意蕴的新"领地"。

《中国佛教美学典藏》中的佛教建筑部共分两卷，其一为《佛塔建筑》，其二为《伽蓝建筑》，用意在于，既从细部出发，还原佛教建筑群中一个个显著而特殊的案例，又在总体上描述佛教寺院建筑的基本格局，以期微观与宏观结合，立体呈现佛教建筑的美学内蕴。

中国远古文化的"主题"和"原型"是生，罕言死，甚至刻意回避谈及死亡。春耕夏耘秋收冬藏，生者如植物、作物般岁有枯荣，却没有死亡。生生不息，生生不已谓之道，在自然的世界里，死亡虽不是禁区，却总被遗忘。然而，佛教文化如同一枚楔子，把"死"带入了"生"的文化疆域。佛塔，恰恰用它充满寓意的方式，凸显出佛教作为舶来品的特殊意义。

《佛塔建筑》是一本类似于解读"佛塔"这一文化范畴的哲学短章。这本书没有按照时代、年代、朝代顺序来撰写，而是从佛塔的本义、形义、造义、合义、变义五种维度入手，全息观照和还原了佛塔这一建筑文化文本。佛塔的本义指的是佛塔的本来之义——佛塔原本是用来干什么的；佛塔的形义指的是佛塔的形式"语法"——佛塔在形式上的特点是什么；佛塔的造义指的是起立佛塔的原因——在现实生活中人们为什么要造塔；佛塔的合义指的是佛塔与其所处环境的整合过程——佛塔如何处理与周边建筑的协调关系及矛盾冲突；佛塔的变义指的是人们与佛塔具体的主客关系的历史演变是怎样的，人们如何进行自身与佛塔之间的交互对话，其历史发展有没有变迁的依据。

这本书的优势在于，首先，它提供了大量的图片。作者提供了近百张与佛塔相关的图片来论证佛塔这一主题。其次，它兼顾地上文献和地下文物两手材料。

作者不仅提供了丰富的存世的古代文献典籍内容，还将考古发掘中与塔有关的地下文物纳入其研究范围，使得本书对佛塔这一建筑文化有较为深入的思考。“建筑”不只是一个工科概念，更是一个文化范畴。作者结合佛教教义，把佛塔作为一种佛教文化文本来解读，摆脱了常见的仅停留在技术层面，通过简单罗列、堆砌数据的方式分析建筑的做法。

从本义上讲，“寺”从寸，之声，廷也，是执分寸者、守法度者任职，治事者相嗣的官署、府廷所在地，有司理、近侍的意思。汉代有三公九卿，其中奉常（太常）、郎中令（光禄勋）、卫尉（中大夫令）、太仆、廷尉（大理）、典客（大行令、大鸿胪）、宗正、治粟内史（大农令、大司农）、少府为九卿，魏晋之后相沿成寺。鸿胪寺是掌管外交、民族事务的官署，负责接待异邦宾客。“院”原指有周垣、垣墙、围墙的空间，如果房屋周围没有垣墙，房屋与垣墙之间没有距离，则无所谓“院”。可见，所谓“寺院”本与佛教没有直接关系，只有间接的关系。

在狭义上，“伽蓝”指的是僧侣安居的场所，“伽”指僧伽、僧团，“蓝”意为园；在广义上，“伽蓝”指的是寺院，僧众共住同修，供奉佛陀，表达着人们对于庄严佛国的向往和想象。《伽蓝建筑》是依据历史维度书写的中国古代寺院建筑史，分汉魏六朝时期、隋唐北辽时期以及宋元以降的伽蓝建筑，兼及西藏地区的伽蓝建筑。

从总体上看，中国古代伽蓝建筑的魅力在于其不断变化的结构及其变化当中孕育的中国化主题。中国古代原初的伽蓝只是佛塔——用来礼拜，通过培养仪式感、强调崇拜感来建构佛教信仰的初始化过程。塔指向死亡，礼塔需绕塔三匝，这对于当时的信徒来说，无疑具有自下而上、自物的层面向神的层面升华和涌动的天竺风格、西域色彩。即便如此，塔也被中国化了，一旦超越了“覆钵”这一单一的形制而抬升其高度，塔的层级和角数常合于阴阳奇偶：单层、三层、五层、七层、九层等，逐单数层而拔高；四角、六角、八角、十二角等，逐双数角而放大。紧接着，佛塔的重要性、唯一性被佛殿消磨、抹平。在内涵上，佛殿不同于佛塔，它是为朝拜的众生准备的，留给活人的——而非死者，留给大众的——而非独自的个人冥想者；在形态上，佛殿不同于窟、龛、阁，没有用料限制，面宽平坦、廓大，吸取和借鉴了中国“殿堂”式建筑“前堂后室”“一明二暗”的做法。

此后，中国古代城市格局——“中轴”折半结构，被应用于伽蓝寺院的布排，使得寺院建筑不再是各自为政的建筑体，而成为在逻辑上组团的“群落”“部落”。所谓“中轴”，即御道，是印证着权力话语的文化符码。与此同时，大量起连属作用的廊阁的出现，极为有效地塑造了伽蓝寺院的整体感——此时的伽蓝寺院，俨然已是西天佛国。最终，佛国一步步投合于文人士大夫，拥抱民间，杂糅、统摄了各种尘世间的建筑元素，既照顾到僧伽个人禅修的私密性，同时又尽最大可能地满足地方财团乡绅信徒的礼拜吁请，伽蓝建筑终于迎来了它成熟的“黄金期”。

在佛教美学中，研究佛教建筑之美的重要性，绝不亚于研究佛教文学、佛教音乐、佛教舞蹈、佛教造像等艺术形式。佛教美学的历史源远流长，佛教作为一种特殊的信仰文化，实则有着从信仰走向审美的内在趋势，而审美是离不开建筑的。因此，这两本书的出版，必然会为佛教美学的研究打开一扇新的窗口，展示一片新的境地。

王　耘

目 录

图片目录

绪论

第一章 汉魏六朝时期的佛寺

第二章 唐辽盛期的佛寺

第三章

宋元以降的佛寺

第四章
藏传佛教影响下的寺院

中国
佛教美学
典藏

绪论

伽蓝，是梵文 samghārāma（僧伽蓝摩）的汉语简译，意指佛教僧侣修行休憩的场所。佛教最初传入中国之时，西域的僧侣住在汉廷用来招待四方使节的鸿胪寺内，因此佛教的道场也就借用了“寺”的名称。佛寺是具有复合功能的综合建筑群组，其职能包括供奉佛像、舍利，举行法会仪式，讲经布道，弘扬佛法，同时也为僧侣提供日常生活、研习的空间，可谓佛法僧三宝具足。佛寺是综合的艺术空间，以追求非日常性的、充满宗教感的空间体验为主旨布置建筑单体并组织动线，通过建筑艺术手法激发佛国意境之于人的心理感应，以极强的精神感染力和渗透力教化礼佛者；可以说，佛寺空间本身所表达的就是世俗世界对庄严佛国的向往。佛寺构建空间的有效手法，首先在于立寺选址，其次在于规划布局。俗语道：“天下名山僧占多。”可见佛寺选址多在名山胜迹。事实上，佛教对于场所的重视，在印度原始佛教时期已初现端倪，例如佛陀降生、成道、初转法轮及涅槃之地都被视为圣迹，虔诚的信徒将这些场所作为礼拜对象。

佛寺所具有的场所意义经历了从无到有、从物质功用上升至精神象征的发展过程。佛陀在世时，佛寺仅作为僧侣集体生活、学习的场所，具有僧院的实用功能，其形制与一般房屋差别不大。为了方便化缘，这时的佛寺往往建造于比较靠近城镇的清净之处。佛陀涅槃之后，信徒们从印度传统陵墓建筑中汲取了“窣堵波”的形式来供奉佛舍利，从而为佛教带来了具有纪念性的建筑形式，并确立了绕塔这一极富仪式感的外部空间的使用方式。这种依托建筑物的信仰与仪式很快便成为佛教核心内容的一部分。另一种建筑形式“支提”则有着更偏重精神性的纪念意义，它的内部无舍利，常被用来指代与佛陀有关的事迹或场所。由此不难理解，后世寺院无一例外同时具有两种属性：提供僧侣衣食住学的、具有实用功能的场所，以及供信众礼拜的、象征佛陀精神的场所。佛教寺院的立寺选址与规划布局，究其根本都在追求这两种属性的有机统一。

汉魏六朝时期的佛寺

两汉之际，佛教初传东土，其理论教义尚未被人们所理解，只能依托“物”进行意象的表达，而充当这一物质媒介的，其一是西域僧人随身携带而来的佛像，其二是充满异域风情的精美建筑。据《牟子理惑论》记载：东汉永平年间，明帝“于洛阳城西雍门外起佛寺，于其壁画千乘万骑绕塔三匝”。又《魏书·释老志》中载：“自洛中构白马寺，盛饰佛图，画迹甚妙，为四方式。凡宫塔制度，犹依天竺旧状而重构之，从一级至三、五、七、九。世人相承，谓之‘浮图’，或云‘佛图’。”白马寺建寺之说虽存争议，但证明至迟在汉末已有营建佛寺的行为，营建的主体恰是一座具有强烈精神性的宫塔式浮屠，可谓典型的立塔为寺。天竺传统的浮屠多为砖石砌筑，外壁布满佛龛，象征“天宫千佛”，故称“宫塔”。在敦煌以西地区，以宫塔为中心的佛寺从汉代至唐代一直是佛寺形制的主流，而在中原地区佛寺形制却受本土建筑的影响有所变化（图 0–1）。

魏晋以后，玄学的兴起为佛教进一步扩大影响创造了社会环境，伴随大量佛教经典的译注与传播，佛寺也迎来了第一个建设高峰。这一时期，内地佛寺在积极吸收西域佛教艺术的同时，以佛教经典为依据，在传统美学的指导下开始进行创作。同时，天竺风格的宫塔也受到中国建筑土木结构传统的影响，在形态、结构与功能上开始向本土化发展。东汉末年，笮融在徐州“乃大起浮图祠，以铜为人，黄金涂身，衣以锦采，垂铜盘九重，下为重楼阁道，可容三千余人”。这座浮屠显然已经褪去天竺旧制，演变为重楼，宫塔外的佛龛被供奉于塔内的佛像所取代，人们可以通过围绕佛塔四周的阁道进行礼拜活动。以重楼为中心的寺院形式又被称作楼塔式，后世东晋的宣城寺，北魏的平城五级浮屠、龙城思燕佛图、洛阳永宁寺等都是楼塔式的典型实例。其中永宁寺的楼阁塔经考古发掘被判明为一座以夯土高台为内核、外部架设木构的土木混合重楼，塔身正中有贯穿上下的刹柱，这为我们认识中国早期佛寺建筑提供了实物参照（图 0–2）。而时间稍早于永宁寺的思燕佛图遗址不仅有类似永宁寺的土木混合重

左：图 0–1 襄阳出土三国晚期浮屠祠模型，2 世纪

襄樊市文物考古研究所：《湖北襄樊樊城菜越三国墓发掘简报》，《文物》2010 年第 9 期，图 12

右：图 0–2 北魏永宁寺复原图

杨鸿勋：《杨鸿勋建筑考古学论文集》，清华大学出版社，2008 年，第 340 页，图 9

楼，其围绕在佛塔所在院落四周的建筑形制也与记载中三国时期浮屠祠的“阁道”类似，不同于印度本土的栏楯。这说明，佛教作为一种异域的宗教，其在中国最初的传教中心实际上是为极少数外国僧侣和中国在家信众服务的，因而其建筑布局并非全然对等于当时印度及西域以僧团为主的佛寺，而仅仅保留了其佛塔的部分，周边的建筑则已中国化。

“堂阁周回”的浮屠祠是早期佛寺作为单纯礼拜中心时期的原型。随着 4 世纪中国僧团的勃兴，开始出现越来越多的为僧人定居修行而建的佛寺，如释道安在襄阳为了容纳他的五百弟子，“起房四百”，立檀溪寺。相似的，北魏平城附近的云冈佛寺和思远佛寺这两处北朝早期的佛寺遗址，皆呈现出以僧房组成的合院中心建立佛塔的形式。这种形式无疑体现出中国佛寺从祠庙发展成为真正的“僧伽蓝摩”的事实。此外，这一时期佛寺的一个重大变化是佛殿的出现。虽然佛像早在汉代已经传入中原，但当时的信徒将佛陀比附为神仙，其供奉方式也类似方士求仙般将佛像安置在重楼之上。利用传统殿堂来安置佛像的想法要到 4 世纪才在中国人的思维中产生，如文献中可以确定的第一座佛殿——东晋兴宁年间的会稽昌原寺，是为供奉一尊新造立的无量寿佛而建的。佛殿的兴起，意味着造像奉祀逐步取代瞻礼佛塔，成为佛教仪式的主体。佛寺布局已经突破单一的立塔为寺，转变为以佛塔、佛殿、讲堂的组合作为主体，四周围以回廊，增设寺门、僧房等附属建筑，最终形成完整院落形制。楼塔式佛寺在我国已无实例留存，但在朝鲜半岛与日本的寺院遗址中可以得到印证。如朝鲜半岛的扶余军守里寺遗址、定林寺遗址、金刚寺遗址，以及日本的飞鸟寺遗址、四天王寺遗址、川原寺遗址，还有现存的法隆寺西院伽蓝（图 0–3）等都有被回廊围合的称作“中院”的空间。而中院内的建筑布局又不尽相同，可以通过两种特征予以区分：其一，佛殿与佛塔并立还是佛殿围绕佛塔；其二，讲堂是否在中院内。可以说，佛殿与佛塔位置关系的变化印证了塔对于佛寺表征意义的削弱，而用于讲经布道的讲堂介入神圣的中院空间则反映了佛寺实用功能的增强。

南北朝早期以佛塔为中心的佛寺都由具有强烈向心性的单院构成。从 6 世纪开始，以北魏洛阳和南梁建康为盛，随着佛寺功能的多元化和住寺僧侣人数的爆发式增长，佛寺布局出现由单院变为多院组合的发展趋势。北魏道武帝在都城平城建造了第一座佛寺，据《魏书 · 释老志》记载，这座寺院内包括五级浮屠、耆阇崛山殿、须弥山殿，以及讲堂、禅堂和沙门座。北魏迁都洛阳之后，又大兴土木建造了一大批寺院。《洛阳伽蓝记》记载了当时都城洛阳内佛寺的盛况。这些坐落于都城内外的大寺中出现了更加多样化的建筑类型。根据整理《洛阳伽蓝记》中的记载可知，大多数寺院除了建有层数不等的浮屠以供礼佛，还有佛殿、楼、阁、台、经堂、讲殿等用以举行仪式和讲经说法。虽然《洛阳伽蓝记》中尚未出现别院的记载，然而从分隔或连通空间的廊房、曲房、阁道、浮道、复道可以看出当时已呈现出平面至立体的多样化格局。此外，还有诵室、禅堂、僧房、浴室等供僧人日常学习、生活使用的配套设施。而梁武帝在建康建立的同泰寺、敬爱寺等大型佛寺，为了满足大型法会的需求，也将回廊围绕的主院正式与以供奉不同尊像的佛殿为中心的别院分离。

图 0-3　日本法隆寺西院

［日］奈良六大寺大观刊行会编：《奈良六大寺大观 · 法隆寺 一》，岩波书店，2001 年，图 1

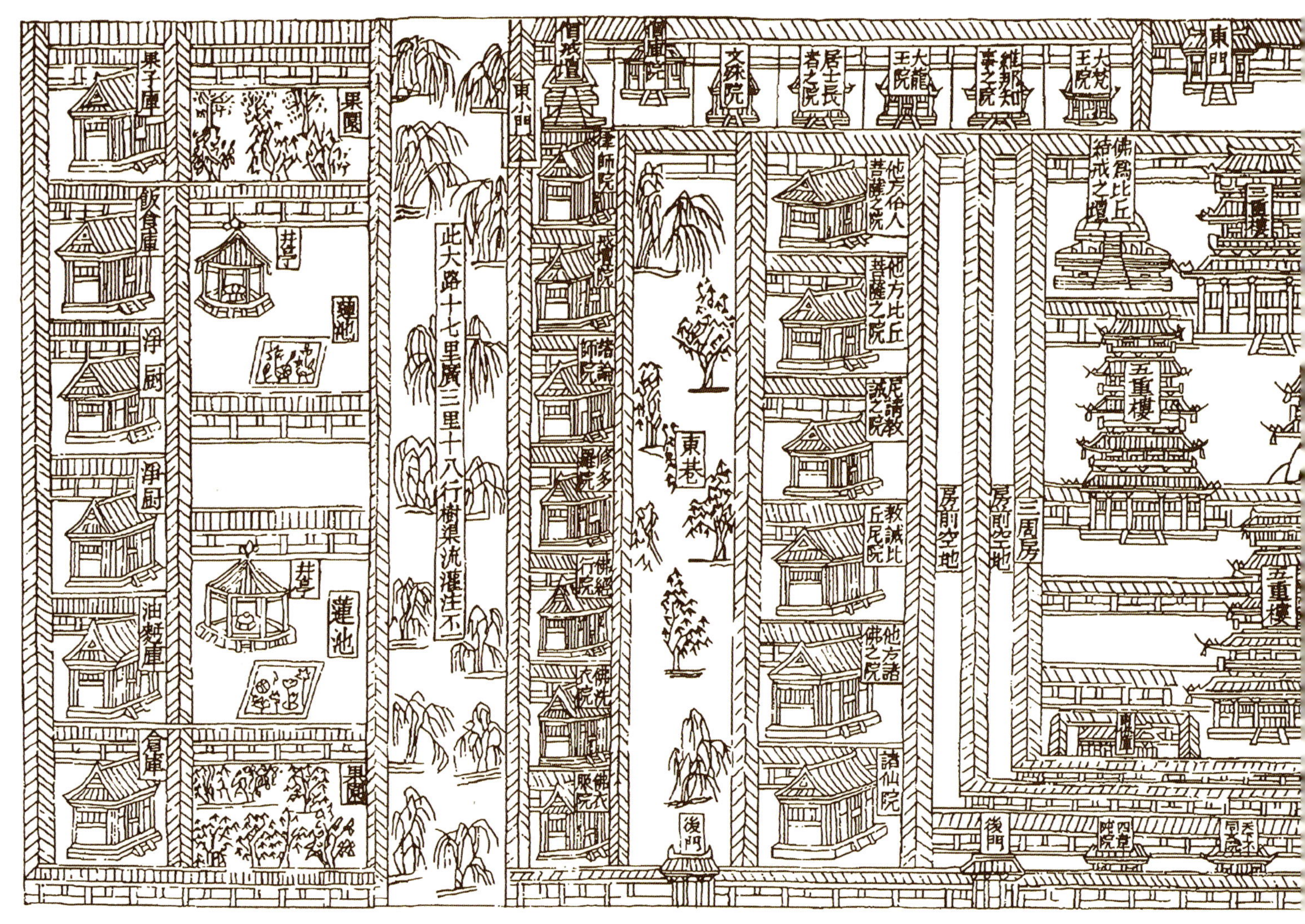

图 0-4 《关中创立戒坛图经》南宋刻本附图

［唐］道宣:《关中创立戒坛图经》,《大正藏》第 45 册，第 812 页

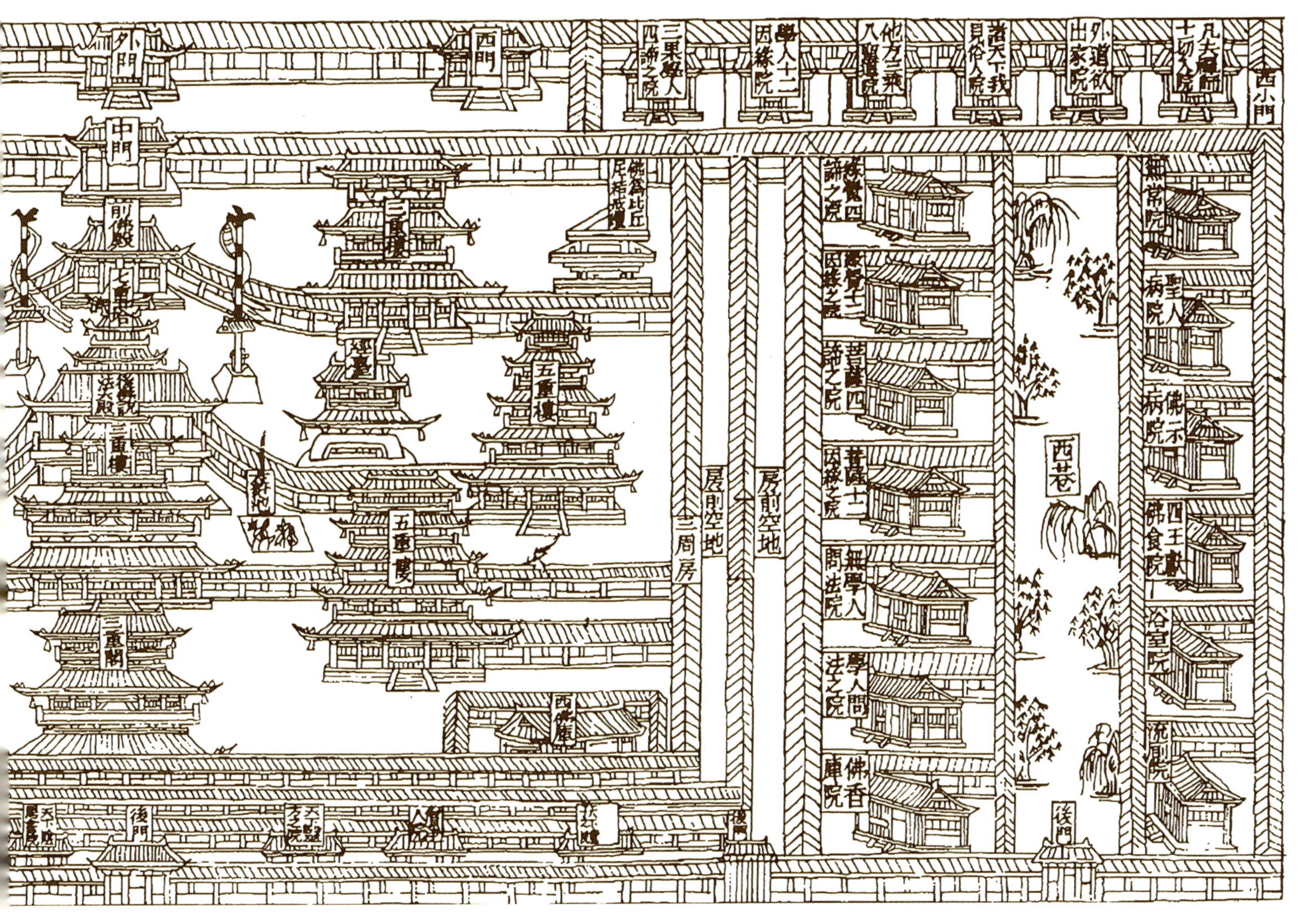

唐辽盛期的佛寺

自北齐、隋至初唐，佛寺的布局在多院落组合的大趋势引导下，进一步发展成熟。这一时期的僧人们在诠释佛教经典的同时，以释迦牟尼曾安居讲法的舍卫国祇洹寺为理想格局，试图建立佛寺布局的正统。北齐高僧灵裕撰写的《寺诰》是我国最早的关于佛寺布局的著作，虽已失传，但其后唐代律宗大师道宣所撰的《关中创立戒坛图经》与《中天竺舍卫国祇洹寺图经》都深受其影响并得以流传至今。两书皆为附图与文字对应的图经，虽然附图或佚失或为后世补刻，但根据详尽的文字描述，我们依然可以准确地复原书中所载佛寺的布局形式、各院名称、建筑物的朝向与相互关系，以及僧人的活动路径等。总体来看，两书所提出的佛寺布局构想为：沿南北向中轴线布置主要建筑物，形成中院；围绕中院在周围设立众多不同名号的小规模别院，格局主次分明；中院南侧设横贯东西的大道，大道以北以中院为中心形成寺院内部活动区域，大道以南则为对外接待或接受外部供养的区域，功能分区十分明确（图 0–4）。这种理想化的佛寺布局被后人称为廊院式，由于它更接近宫殿建筑群的特征，因此被认为较多地反映了中国传统规划思想。理想的完整多院落廊院式佛寺在中国并无实例留存，甚至在隋唐时期是否被真实地建造出来都依然存疑；然而，后世诸如明代太原崇善寺、清代新都宝光寺等的布局事实上都反映出了廊院式布局思想对于佛寺影响之深远。

隋唐以后，佛寺布局的另一大变革在于高阁大量出现并开始取代佛塔成为寺院中心。如敦煌莫高窟第 61 窟壁画《五台山图》中诸寺即皆以高阁为主体。现存五台山佛光寺在会昌灭佛前也曾建有“三层七间弥勒大阁，高九十五尺”，位于寺院中心（图 0–5）。高阁的盛行一方面是佛寺形式渐渐趋同于帝王宫殿的结果，另一方面则是由于隋代以后供奉高大立像成风造成的。除了在中轴线上立高阁之外，唐代佛寺中还出现了许多以阁道相连的次要建筑物也采用高阁形式，如前述《戒坛图经》中记载的佛殿两侧的三重楼、说法大殿两侧的五重楼，乃至中院末端的五重楼与三重阁的建筑组群。

从建筑美学的角度来看，这种“楼台殿阁，拟似宸宫”的复合式布局为空间增添了不少戏剧性，增强了建筑群的艺术表现力。首先，通过平面上院落的串联，礼佛者在行走于佛寺中时，伴随建筑物的聚散、空间的收放而获得起伏的空间体验，这必引人赞叹，油然而生虔诚崇拜之心。其次，排布于中轴线上的建筑群组由视觉上的高低错落、远近透视所形成的画面感，令人犹如置身佛国世界，具有很强的视觉感染力。事实上，唐代敦煌壁画中大量经变题材所表现的佛国，就大多借鉴了佛寺建筑中鳞次栉比的台观楼阁，成功获得了庄严富丽的艺术效果（图 0–6）。

图 0–5　莫高窟第 61 窟《五台山图》中的佛光寺

赵声良编，宋利良摄影：《莫高窟第六一窟（五代）》，江苏美术出版社，1995 年，图 49

图 0–6　盛唐敦煌壁画中的观无量寿经变

孙儒僩、孙毅华主编：《敦煌石窟全集 21·建筑画卷》，香港商务印书馆，2001 年，图 105

宋元以降的佛寺

自南朝诞生、在唐代趋于大成的多院落廊院式布局在9世纪中期的会昌灭佛之后，随着官寺不再承载国家行香斋戒等功能，横向分布、回廊围绕的宽阔中院与别院逐步向单一中轴线上由佛殿与厢房、配殿组成的数进纵向院落发展。这一大的趋势，不仅与佛寺自身仪式功能的改变相关，更与唐宋之际城市由里坊制转变为街巷制密切联系在一起。与里坊制度下产生的横方形地块相比，街巷制度下的纵长形地块"强迫"都市中的寺院趋向于单一纵轴的建筑形态。在这大变革之下，至8世纪形成的中国佛教诸宗派，特别是具有鲜明独特修行方式的禅宗与密宗，发展出了不同风格的佛寺形态。密宗在会昌灭佛后渐趋衰微，禅宗则凭借完备的纲纪制度得以存活并发展壮大，对唐代以后的佛教走向产生了深远的影响。

禅宗初传时，祖师达摩"来梁隐居魏地，六祖相继至大寂之世，凡二百五十余年，未有禅居"，禅师"多居律寺，然于说法、住持未合规度"。时至中唐，百丈怀海禅师才制定"百丈禅门规式"，创立了一套禅宗独行的寺院规式。规式中与佛寺布局相关的内容包括：其一，不立佛殿，唯树法堂；其二，除方丈外，其余僧人不论高下尽入僧堂，实行集体生活。然而不立佛殿的极端做法毕竟与佛教传统及信众的礼拜需求不符，因此五代以后的禅院迎合传统进行了调整，恢复设立佛殿。

入宋以后禅宗盛行，南宋嘉定年间，宁宗钦定五山十刹，制定了禅院等级。南宋五山十刹制度和禅院建筑形制继而传入日本，影响了日本禅院的建制。日本江户时代的僧人道忠所著的《禅林象器笺》"伽蓝"条中记载，"法堂、佛殿、山门、厨库、僧堂、浴室、西净为七堂伽蓝，未知何据，各有表相如图"，并配有示意图。而据传南宋时期日本僧人游历五山后撰写的东福寺本《大宋诸山图》与大乘寺本《五山十刹图》记录了当时灵隐寺、天童寺、万年寺的平面形制，所示寺院布局、建筑配置都与"七堂伽蓝"制度基本吻合，可知禅院的"七堂伽蓝"在南宋时已基本确立（图0–7）。

经典的禅院布局往往以一组沿纵轴线依次布置的山门、佛殿、法堂、方丈为主体，两侧成对布置附属建筑，如僧堂对食堂，浴室

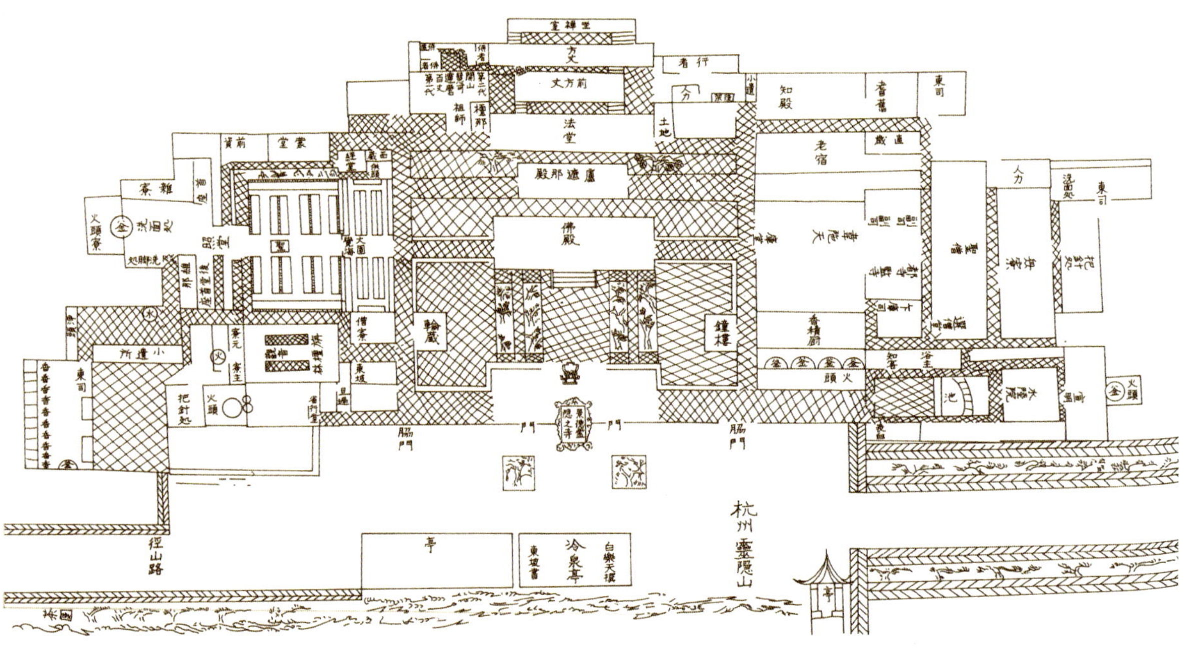

图 0-7 《五山十刹图》中的南宋灵隐寺配置图

［日］关口欣也:《五山と禅院》, 小学馆, 1991 年, 图 135

对西净（东司）等。中轴线主要为宗教礼仪性建筑，两侧则更多是供僧人日常起居的建筑。宋元以后，随着禅宗日益兴盛，这种布局思想对整个内地佛寺的建设都产生了普遍而深远的影响；隋唐以来的佛寺在后世的改建、重建中也都被整改为纵轴式布局。事实上，这种布局比起廊院式更加强调中心轴线的序列性，符合中国汉民族传统的等级观念，层层递进的院落更与内地传统住宅一脉相承。此外，如上所说，纵长型的平面布局无论是在宋代以后兴起的街巷制的城市肌理中，还是台地式的山林寺院中，都具有更大的适应性和灵活性。

明代以后，作为禅林中心的五山十刹渐趋衰微，代之而起的是佛教四大名山。各宗派中虽仍以禅宗最盛，但诸宗归一、相互融合已成大趋势，禅宗伽蓝性质上的纯粹性也随之失去，具有各宗特色的建筑物甚至与城市格局、民间信仰等相关的建筑元素渐渐相融。如轮藏进入禅院，并形成与观音阁对峙的定式；钟楼不再与经台相对，而改为与鼓楼成对出现。中轴线上，山门摈弃了南北朝以来高大的重层而改为单层，天王信仰的兴起促成了天王殿的大量出现，诸宗归一使得中轴线上的主殿层层增加，中轴线的纵深感被进一步加强。至此可以说，脱胎于禅院七堂伽蓝的纵

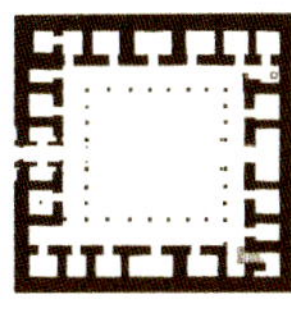

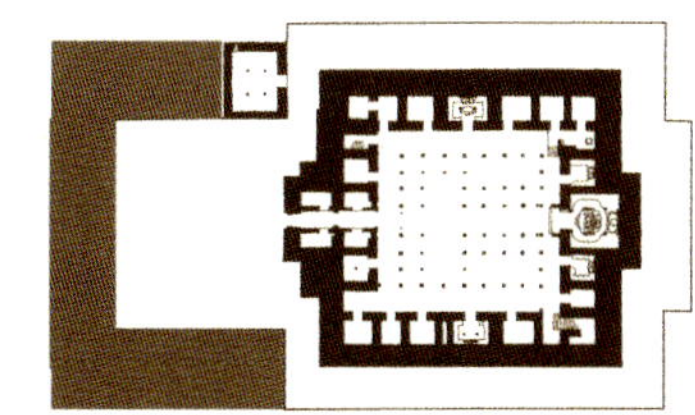

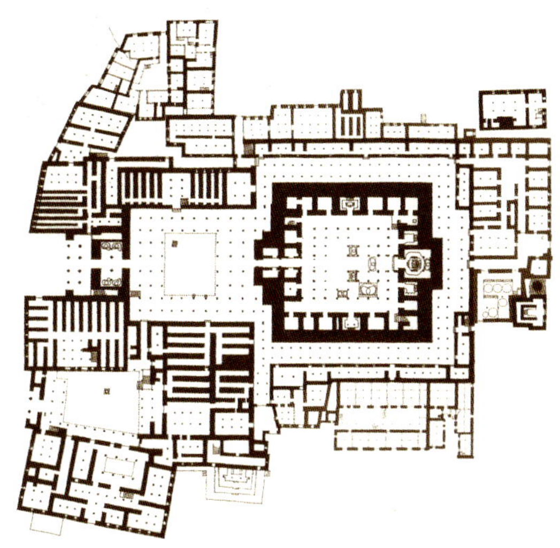

图 0-8 大昭寺历史演变图

André Alexander, *The Temples of Lhasa: Tibetan Buddhist Architecture from the 7th to the 21st Centuries.* Chicago: Serindia Publications, 2005, p.44

轴式布局成为定式，标志着佛教寺院已彻底完成汉化，成为中国传统建筑文化中难以分割的一部分。

藏传佛教影响下的寺院格局

从 7 世纪起，佛教分别从印度和中原地区传入青藏高原，经融合形成了藏传佛教。汉藏文化技术交流的深入带动了藏族建筑，尤其是佛教建筑的发展。藏传佛教自 9 世纪朗达玛灭佛后一度沉寂，直至 10 世纪下半叶才再次在西藏兴起。因此，现存的历史悠久的藏传佛教寺院也大多重建于 11 世纪以后。

从 7 世纪吐蕃王朝开始，迄于 10 世纪后弘期，最初的藏传佛教寺院显示出强烈的印度风格。如最初的两所寺院——大昭寺（图 0–8）和小昭寺，分别采取了印度佛寺的两种形式：毗诃罗与支提殿。而在 8 世纪建成的桑耶寺，则按照印度帕拉王朝时期兴建的大型寺院（Mahāvihāra）形制，将佛教的世界观直接反映在寺院总体布局的思想上。按照佛教对世界的设想，主殿代表须弥山，四方建四座殿——代表四大部洲，周围再建八座小殿——代表八

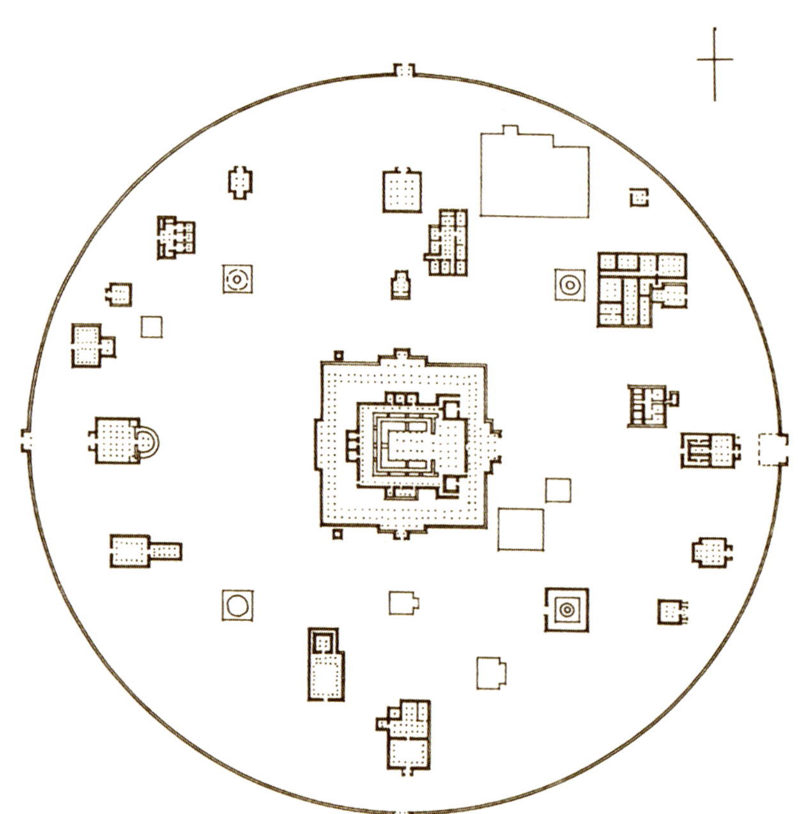

图 0–9　桑耶寺总平面图

色莉玛：《8~11 世纪西藏寺院建筑中来自印度佛教之因素——以桑耶寺与托林寺为例》，《四川文物》2012 年第 5 期，图一

小部洲，左右二殿为日月双星；建造多角外围墙，表示铁围山等。这类布局将佛教思想最大化地运用在寺院空间造型中，扎囊桑耶寺（图 0–9）和模仿其建造的承德普宁寺是典型的实例。

格鲁大寺

在漫长的历史中，特别是从佛教成为全民信仰的后弘期开始，西藏佛寺逐步在布局上融入自身的特色。其中藏民族特有的、外墙具有明显收分的碉楼式宫殿建筑，在政教合一体制下，被吸纳入佛寺建筑。同时，藏传佛教寺院往往随着时间的推移不断地进行扩建与新建，因此形成了自由式布局，其特点是没有明显的主轴线，往往根据使用需求，按照地形较为自由地布置各类建筑。这种形式的形成一方面受西藏地方行政设施宗山建筑的启发，另一方面与藏传佛教寺院的宗教内容及其所对应的建筑类型较为多样有关，特别是在甘丹颇章时期形成完备的寺院制度后，以措钦、扎仓、康村、僧院围绕经堂的自由建筑关系，颇类似印度大型寺院的体制。

在一般的藏传佛教寺院中，除了布置供养佛像的佛殿和讲习佛法的经堂建筑以外，还有存放活佛遗体的灵塔殿、信徒绕行转经的转经廊、具有纪念意义的喇嘛塔和活佛公署，以及喇嘛住宅等。

自由式布局的寺院在具体形式与建筑风格上又呈现出较大的地域差别。西藏、四川西部地区多用块石垒砌藏式平顶楼房作为寺院主体，兼有少量汉式坡屋顶或金瓦顶。寺院建在山上或山下，布局都很自由灵活，著名的实例如日喀则的扎什伦布寺。甘肃南部、青海地区的藏传佛教寺院则受汉族建筑形式的影响更深，在核心区域或重要的建筑群组中局部体现轴线布局思想，其大殿正立面多为木结构梁柱式样，其他方向的立面仍保留藏族特有的厚墙和建筑装饰。而山西五台山、内蒙古地区的许多藏传佛教寺院更多采用中轴对称布局，接近汉族传统建筑形式，仅引入少量藏式建筑的装饰元素，如承德的须弥福寿之庙、呼和浩特的席力图召等。

汉骨藏魂

藏传佛教寺院建筑风格及平面布局随建筑所在的地域不同而有或多或少的变化，这在藏传佛教东渐过程中十分明显。1265 年，忽必烈封西藏宗教领袖八思巴为帝师，藏传佛教依仗着蒙古统治者的支持开始在全中国境内传播，尤以甘肃、青海、山西、蒙古地区为盛。清王朝因蒙古各部大多信奉藏传佛教，出于怀柔蒙古的目的，也大力扶植藏传佛教。在青海、甘肃、山西、内蒙古和河北承德，藏传佛教寺院出现了汉藏结合式、汉藏并列式和基本汉化的建筑模式。如河北承德外八庙的普宁寺，就建筑布局而言，采用前汉后藏式，即前边平地部分按内地佛寺的纵轴线布局布置，而后部则以曼荼罗式布局结合山势布置，成为汉藏建筑的叠加。普宁寺后部的一组建筑，中央为大乘之阁，周围为象征四大部洲、八小部洲的台阁及四座佛塔，外围曲折的围墙用以反映经典中所描绘的世界格局。这些寺庙的其余建筑都围绕主体建筑布置，而且主体建筑的形式各不相同，绝对尺度都很大，皆建在寺院最高处，使体型充分突出于周围建筑之上。

佛教在中国传播发展已有两千多年的历史，佛教寺院可谓遍布全国。各时代、各地域的佛寺营建活动都与佛教在当时当地的影响力直接相关。广阔的分布决定了中国佛寺多样化的地域特征，而漫长的历史更造就了地域间发展的不同步；此外，功能的需求、仪轨的发展，乃至审美意趣的转变也都会对佛寺的布局方式产生影响。因此，对于中国佛教寺院来说，多种形式的伽蓝布局往往并行交错，很难归纳出单纯明晰的发展脉络。然而，从总体趋势上看，来自印度的佛教在传入中国之后，受中国传统价值观的影响，吸收了中国不同地区传统建筑的等级制度、布局思想、空间造型特征等，最终实现了佛教寺院的本土化，并进而衍生出了影响整个东亚文化圈的佛寺样式体系。

本卷选取的伽蓝布局对象涵盖史料与现存佛寺实例，以在中国佛寺发展史上出现过的、代表了各个发展阶段的布局类型为提纲，通过对各类型的典型实例进行个案解说，为读者呈现中国佛寺布局发展的整体情况。

中国
佛教美学
典藏

汉魏六朝时期的佛寺

综述

佛教作为一种异域的宗教，其在中国最初的传教中心实际上是极少数外国僧侣和中国在家信众，因而其建筑布局并非全然等同于当时印度及西域以僧团为主的佛寺，而仅仅保留了其佛塔的部分，周边的建筑则已发生中国化。在目前所知的早期佛寺遗址中，唯有5世纪晚期的思燕佛图遗址及三国时期的浮屠祠明器尚可窥见这一特点。本节以讨论此遗迹和遗物为契机，回顾佛教初传时期的相关汉文文献，探讨中国最早期佛寺与印度公元前后佛寺之间的关联。

从4世纪开始，随着中国进入东晋十六国的大动乱时期，佛教在乱世迅速发展，完整的戒律被翻译过来，这表明僧团开始出现。此时的佛寺遗址，如云冈佛寺和思远佛寺，呈现出僧房围绕中心佛塔的形式。这种形式除了体现出这一时期佛教的特点之外，还反映了此时期佛寺与犍陀罗地区佛寺的特殊联系。

随着佛殿在4世纪末的出现，中国的早期佛寺开始了本土化进程中最重要的转变，即寺院的中心神圣建筑由佛塔转向供佛的佛殿。这一进程从南北朝时期开始，到7世纪的初唐基本完成，这段时间也是中国汉传佛寺形态最为丰富的时期。同时，由于佛教在这一时期向东传入朝鲜半岛和日本，所以在这两地的佛教遗址和历史建筑中也可见到这一转变的缩影。

一、浮屠仁祠

早期印度的佛教建筑，有露天的砖木结构寺院和依山开凿的石窟寺两种，分别为中国佛教寺院与诸石窟之最初蓝本。前者大约和佛陀同时期出现[①]，后者大约在阿育王时代出现。石窟寺也是为了在印度炎热多雨的季节能够方便完成念诵和绕塔礼拜等宗教活动，以及将寺院永久化的意愿，因此它从来源上讲亦是砖木寺院的再现。露天的寺院有毗诃罗（Vihara）和支提殿（Caityagrha）两种，毗诃罗往往有一个方形大厅，周围建有一圈小房间，房间入口和方形大厅相通；支提殿为圆形塔（Stupa）殿，与石窟中的支提窟很相近（图 1-1）。据某些学者的推断，支提殿的起源是为佛教徒提供一个便利的场所，使他们可以不受天气的干扰而进行绕塔[②]。

《魏书·释老志》中记载，中国最早的佛寺洛阳白马寺“为四方式。凡宫塔制度，犹依天竺旧状而重构之”。[③] 虽说“犹依”，但仍“重构”，大概可以猜测自一开始中国的佛教建筑虽在平面功能上仍是按照当时印度佛寺中支提殿以塔为中心的方式来安排布置，但在建筑形式上可能已与印度原制大相径庭。当时中国的传统建筑是以方形或长方形的木结构为主，印度的浮屠则是圆形的砖石结构。印度现存最古老的桑奇大塔、拜拉德支提殿和阿旃陀支提窟中，佛塔周围的礼拜道受圆形形式的影响也呈圆形。而“自洛中构白马寺，盛饰佛图，画迹甚妙，为四方式”。虽因当时佛塔与佛寺皆可称作“佛图”，不知具体所指，然而已可看

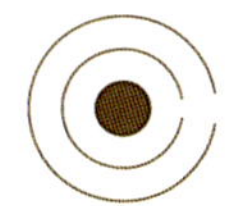

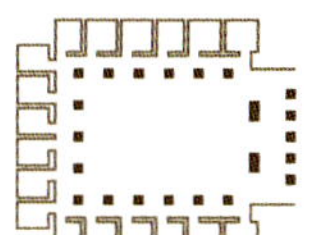

图 1-1　印度早期佛教建筑平面图

作者自绘

---

① 摩揭陀国王频婆娑罗将竹林精舍奉献给佛陀及其圣弟子。

② Debala Mitra, *Buddhist Monuments*, Calcutta: Sahitya Samsad, 1971, p.41.

③ 《魏书·释老志》：“自洛中构白马寺，盛饰佛图，画迹甚妙，为四方式。凡宫塔制度，犹依天竺旧状而重构之，从一级至三、五、七、九。世人相承，谓之‘浮图’，或云‘佛图’。”

出将印度的圆形砖石塔改为方形木塔的可能。汉代，木结构建筑的形式已经达到了很成熟的阶段[①]，因此在最初缺乏建造砖石佛寺的条件下，利用汉民居的木结构来表现方形的院落和建筑是一种很可能的思维模式。南北朝之后随着交流的进一步深入、新的建筑技术的传播，砖砌的塔开始在中国出现。

当佛教最初传入中国时，印度已经进入了大乘佛教盛行的前期；但从当时传入的佛经来看，中国最初的佛教经书应出自根本乘经典。东汉崇尚图谶占候，佛教在当时难免成为鬼神方术的附庸。最开端的“汉明梦神”已将佛陀认作西方的神；之后楚王英“诵黄老之微言，尚浮屠之仁祠”；汉桓帝“设华盖以祠浮图、老子”；直至汉末，黄老、浮屠始终并称，可以想见当时佛教的状况[②]。这种特殊状态下的佛教可能也是中国佛寺一开始就需要设立佛像礼拜的原因。汉代的佛寺形制仅能从史书记载中推测，从《牟子理惑论》[③]记载的白马寺与《三国志·吴书·刘繇传》记载的笮融所建浮屠祠[④]，已经可以看到佛教寺院的最初形式的中国化。细究其文字，似乎是在重楼式的中国本土建筑上层安置佛像，而在周围设立架空二层的复道供僧，从功能上看类似于印度的支提殿。供佛陀于重楼之上正好与当时神仙好楼居的思想相应，而复道除了供僧之外，还可以作为顺时针的礼拜道，外垣自然作围墙[⑤]。

由于受到礼法的约束，当时汉人不能出家为僧，

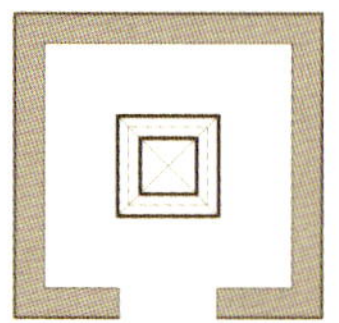

东汉洛阳·白马寺
（依《魏书·释老志》猜测简图）
公元57年—75年

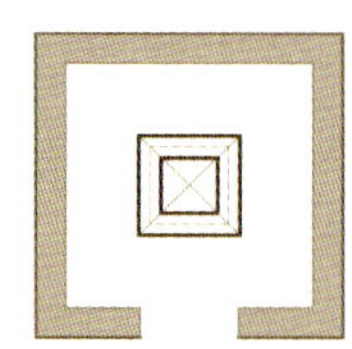

东汉丹阳·笮融浮屠祠
（依《三国志·吴书·刘繇传》猜测简图）
189年

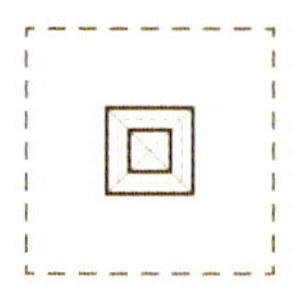

三国建康·建初寺
（依《出三藏记集》猜测简图）
247年

图 1–2　汉末三国时期佛寺平面图

作者自绘

① 甘肃省博物馆：《武威雷台汉墓》，《考古学报》1974 年第 2 期。
② 汤用彤：《汉魏两晋南北朝佛教史》，北京大学出版社，1997 年。
③ 《牟子理惑论》：“昔孝明皇帝……遣使者……于大月支写佛经四十二章，藏在兰台石室第十四间，时于洛阳城西雍门外起佛寺，于其壁画千骑万乘绕塔三匝。”
④ 《三国志·吴书·刘繇传》：“乃大起浮图祠，以铜为人，黄金涂身，衣以锦采，垂铜盘九重，下为重楼阁道，可容三千余人，悉课读佛经，令界内及旁郡人有好佛者听受道，复其他役以招致之。”
⑤ 宿白：《东汉魏晋南北朝佛寺布局初探》，见田余庆主编：《庆祝邓广铭教授九十华诞论文集》，河北教育出版社，1997 年。

因此有两种佛教建筑分别独立：一种是官方供给国外僧侣修行译经的场所，另一种是国内信徒礼佛的场所。前者在典籍中常称“精舍”，是法堂式建筑的原型；后者在当时并不被称作寺，而作“浮屠祠”“仁祠”等名[①]。从三国开始，名教渐渐在社会动乱、朝代更迭中失去了约束力，士人中清谈之风大兴，这也使得佛教进一步发展，译出的佛经较多，佛教的神话色彩渐淡，脱离方术而独立。三国时期，吴国孙权建立第一座被称为“寺”的佛教建筑时[②]，立塔即为建寺，可知佛塔仍是当时佛寺中唯一重要的建筑物，精舍中的法堂的重要性尚未完全建立。到了西晋末年，洛阳城已经有了42座佛寺，槃鸱寺[③]就是其中之一。从对它的记载中已经可以看到讲堂和僧房的存在，其类似印度精舍式佛寺的形制已与汉代稍有不同。

永嘉南渡后，在中原政权多元化之前的文献记载中，我们已经可以找到类似于当时印度佛寺的两种形制的建筑。其中“浮屠祠”这一形式是以单木塔 / 重楼为中心，周围环绕以方形的复道院落；“精舍”的具体形制由于缺乏考古实证，难以详细考证，但从其功能来看，可能影响了之后法堂的建筑形式。

二、僧伽蓝摩

唐代拥有开放的文化态度，西域画风在初唐流行的同时，中国文化体系下绘画风格的自我吸收与融汇也在这一时期达到了高峰，佛教艺术已经完全中国化。魏晋南北朝时期形成的疏、密二种体式至唐代被融汇提升。密体画风开始吸纳书法用笔，首开以书法入画法的风气；疏体画风在吸收外来艺术手法的过程中强化了线条的结构功能。疏密二体在唐代发展成为具有时代标志性意义的“吴家样”与“周家样”。在东晋南北朝时期，朝代更迭频繁，身处须臾变化的社会中的人更加需要精神的寄托，因此佛教在这一时期得到极大的发展。佛寺

---

① 汤其领：《汉晋佛寺考论》，《徐州师范大学学报（哲学社会科学版）》2007年第6期。

② 《出三藏记集·卷十三·康僧会传》：“会欲运流大法，乃振锡东游。以赤乌十年至建业，营立茅茨，设像行道……（孙权）即召会诘问：‘有何灵验？’会曰：‘如来迁迹，忽逾千载，遗骨舍利，神曜无方。昔阿育王起塔，乃八万四千。夫塔寺之兴，所以表遗化也。’……权大嗟服，即为建塔。以始有佛寺，故曰建初寺，因名其地为佛陀里。由是江左大法遂兴。”

③ 《高僧传·卷十》：“揵陀勒者，本西域人，来至洛阳积年。众虽敬其风操，而终莫能测。后谓众僧曰：‘洛东南有槃鸱山，山有古寺庙处，基址犹存，可供修立。’众未之信，试逐检视，入山到一处，四面平坦。勒示云：‘此即寺基也。’即掘之，果得寺下石基，后示讲堂僧房处，如言皆验。众咸惊叹，因供修立，以勒为寺主。寺去洛阳一百余里，朝朝至洛阳诸寺赴中，暮辄乞油一钵，还寺然灯。以此为常，未曾违失。”

布局以之前的单塔中心为起点，逐步复杂分化，而这一情况自5世纪末北魏孝文帝迁都洛阳后日益显著，几乎与此同时，南朝梁武帝无上尊崇佛教，其进行的变革又远远大于北方[①]。为突出演变之迹，以5世纪为界，试分东晋南北朝时期为前后两段，来讲述这一时期出现的多种佛寺布局形态。此外，各种对当时“舍宅为寺”的描述也提供给我们推论几种形态发展的可能。基本上当时住宅的四合院围廊的形式，搭建了以塔为中心的佛寺配置框架，而原有合院住宅中心的堂屋，也逐渐分化发展成供佛的金堂和读经的法堂。另一个重要的发展是双塔的出现及多佛殿的产生，它们带动了佛寺配置的多元发展。

单塔中心

塔仍是这一时期佛寺中最主要的建筑物，因此以单塔作为寺院中心的佛寺成了一种最常见的配置情况，北魏时期的平城思远佛图遗址[②]作为这一时期可凭借的实证，正是单塔中心式的佛寺[③]。思远佛图遗址让我们推论出这些塔寺可能都是在方院里的方塔形制。其他文献中记载的这一时期以单塔为中心的佛寺颇多，似乎都是单塔方院的形制（图1–3），举数例如下：

《出三藏记集·卷十四·僧伽跋摩传》：“僧伽跋摩……以宋元嘉十年步自流沙，至于京都……初，景平元年，平陆令许桑舍宅建刹，因名平陆寺。后道场慧观以跋摩道行纯备，请住此寺……跋摩共观加塔三层，行道讽诵，日夜不辍。”

《水经注·河水》所记平晋神庙：“又东径平晋城南。今城中有浮图五层，上有金露盘，题云：‘赵建武八年，

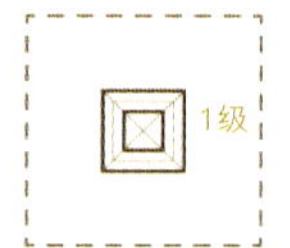

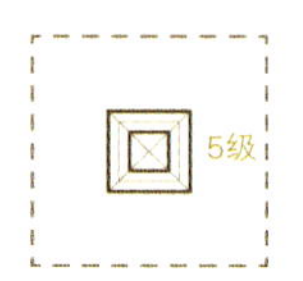

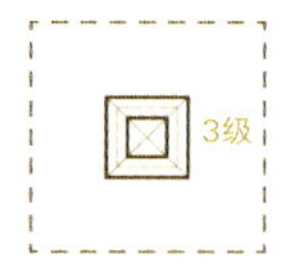

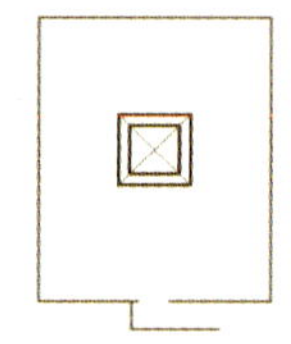

图1–3 东晋南北朝前期单塔中心佛寺平面图

作者自绘

① 宿白：《东汉魏晋南北朝佛寺布局初探》，见田余庆主编：《庆祝邓广铭教授九十华诞论文集》，河北教育出版社，1997年。
② 胡平：《大同北魏方山思远佛寺遗址发掘报告》，《文物》2007年第4期。
③ 《魏书·高祖纪第七上》：“乙亥，幸方山，起思远佛寺。”

比释道龙和上竺浮图澄，树德劝化，兴立神庙。’浮图已坏，露盘尚存，炜炜有光明。”

《高僧传·卷十三·释慧受》：“释慧受，安乐人。晋兴宁中，来游京师。……尝行过王坦之园，夜辄梦于园中立寺……每夕复梦见一青龙从南方来，化为刹柱。受将沙弥试至新亭江寻觅，乃见一长木随流来下。受曰：‘必是吾所见者也。’于是雇人牵上，竖立为刹，架以一层。道俗竞集，咸叹神异。坦之即舍园为寺，以受本乡为名，号曰安乐寺。”

双塔

东晋开始出现的佛寺新形式是在寺院中建造双塔，两塔横向东西布置，周围仍绕以廊庑（图 1–4）。这种在中轴线上没有主要建筑物、将寺院中心分于两旁的布局是这一时期的首创。《高僧传·卷十三·竺慧达》中记载：“（竺慧达）晋宁康中，至京师。先是，简文皇帝于长干寺造三层塔，塔成之后，每夕放光。……乃于旧塔之西，更竖一刹，施安舍利。晋太元十六年，孝武更加为三层。”稍后，《南齐书·良政·虞愿》中也记载：“（宋明）帝以故宅起湘宫寺，费极奢侈。以孝武庄严刹七层，帝欲起十层，不可立，分为两刹，各五层。”可见，最初的双塔配置，或由单塔承袭而来，或因特殊原因（“欲起十层不可立”），与后世设置双塔的寺院尚有所不同。而据北魏时期大代宕昌公晖福寺碑的碑文记载，晖福寺双塔是专门为皇帝双亲而建，这是首次因某一特定原因在佛寺中建立双塔，似可视为后世双塔的起源[①]。而此寺中也有法堂，整体布局则类似于双塔－法堂式，为以下要谈到的塔－法堂布局的流变。

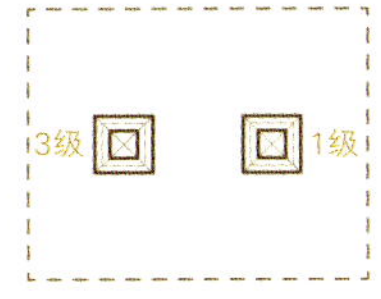

东晋建康·长干寺
（依《高僧传》猜测简图）
373年

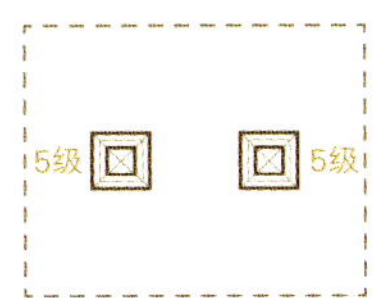

刘宋建康·湘宫寺
（依《南齐书》猜测简图）
452年

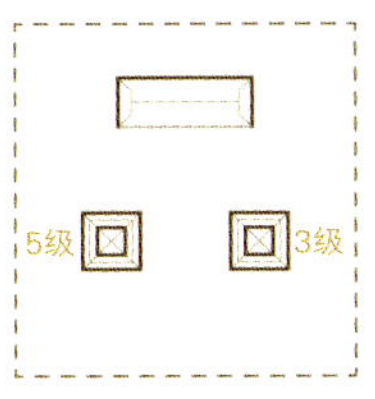

北魏澄县·晖福寺
（依《大代宕昌公晖福寺碑》猜测简图）
488年

图 1–4　东晋南北朝前期双塔布局佛寺平面图

作者自绘

① 《大代宕昌公晖福寺碑》：“散骑常侍安西将军吏部内行尚书宕昌公王庆时，资性朗茂，秉心渊懿……翼赞之功，光于帝庭。……乃罄竭丹诚，于本乡南北旧宅，上为二圣造三级佛图各一区。规崇爽垲，择形胜之地。……爰自经始，三载而就。崇基重构，层栏迭起。法堂禅室，通阁连晖。……冥期幽属，廓兹灵图。曾是晖福，庆崇皇居。爰建灵寺，妙契天规。……太和十二年岁在戊辰七月己卯朔一日建。”

佛塔 – 法堂

论述佛法和讲经的空间需求，使得此前精舍式的佛寺和塔寺也自然出现了结合，产生出佛塔 – 法堂形式的布局。东晋时期士大夫崇尚谈玄，而佛教僧侣也多有引用儒道言论来解释佛教经典，如支道林用《庄子·逍遥游》来附会佛教“空无”的概念，《世说新语》中对此多有记述。另据《法苑珠林》记载，北齐沙门僧范于邺城显义寺讲堂讲经，“至华严六地，忽有一雁飞下，从浮图东顺行入堂，正对高座，伏地听法。讲散徐出，还顺塔西，尔乃翔逝”。可见此寺至北朝后期仍保持典型的塔堂布局[①]。东晋著名的建康瓦官寺在兴建之初，也是这一布局形式[②]（图 1–5）。但这一布局形式在之后即罕见于记载，似乎它只是后来佛塔 – 佛殿 – 法堂布局的过渡形式。推测出现这种情况是由于同时期佛殿的出现与兴盛，法堂作为同形式的框架结构建筑物很容易被改作佛殿，使布局成为佛塔 – 佛殿形式，因此这一布局在之后渐渐被代替。

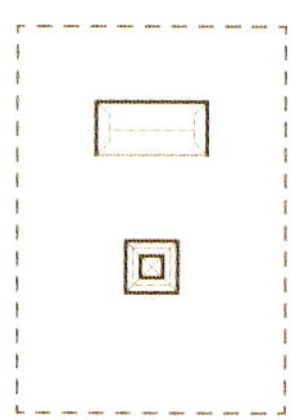

东晋建康·瓦官寺
（依《高僧传》猜测简图）
364年

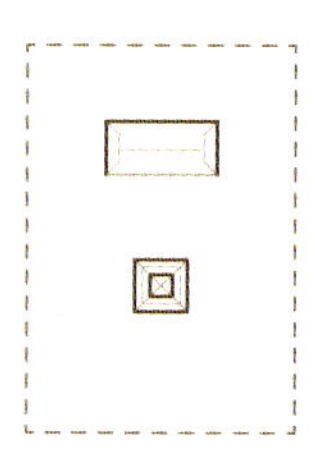

十六国邺城·显义寺
（依《法苑珠林》猜测简图）
550年之前

图 1–5　东晋南北朝前期佛塔 – 法堂布局佛寺平面图

作者自绘

佛塔 – 佛殿 – 法堂

从文献记述上看，佛殿的出现大约是在 4 世纪下半叶[③]。从放置佛像的功能上看，佛殿和佛塔在很大程度上是有重叠之处的，但佛殿比起早期的木结构塔更能够放置较大较多的佛像。早期塔的中心刹柱使得其放置的佛像数量一般不超过四尊，且像不能过大；佛殿则不然。东晋开始，南北方似乎有一股礼拜过去七佛的宗教热潮，这在麦积山石窟中可以得到印证，而这样的功能在佛塔的空间是不容易达成的。因

① 宿白：《东汉魏晋南北朝佛寺布局初探》，见田余庆主编：《庆祝邓广铭教授九十华诞论文集》，河北教育出版社，1997 年。

② 《高僧传·卷五·竺法汰》记载，东晋兴宁二年（364），晋哀帝诏建瓦官寺，寺内“止有堂塔而已”。

③ 《魏书·释老志》：“天兴元年……是岁，始作五级佛图、耆阇崛山及须弥山殿，加以缋饰。别构讲堂、禅堂及沙门座，莫不严具焉。”

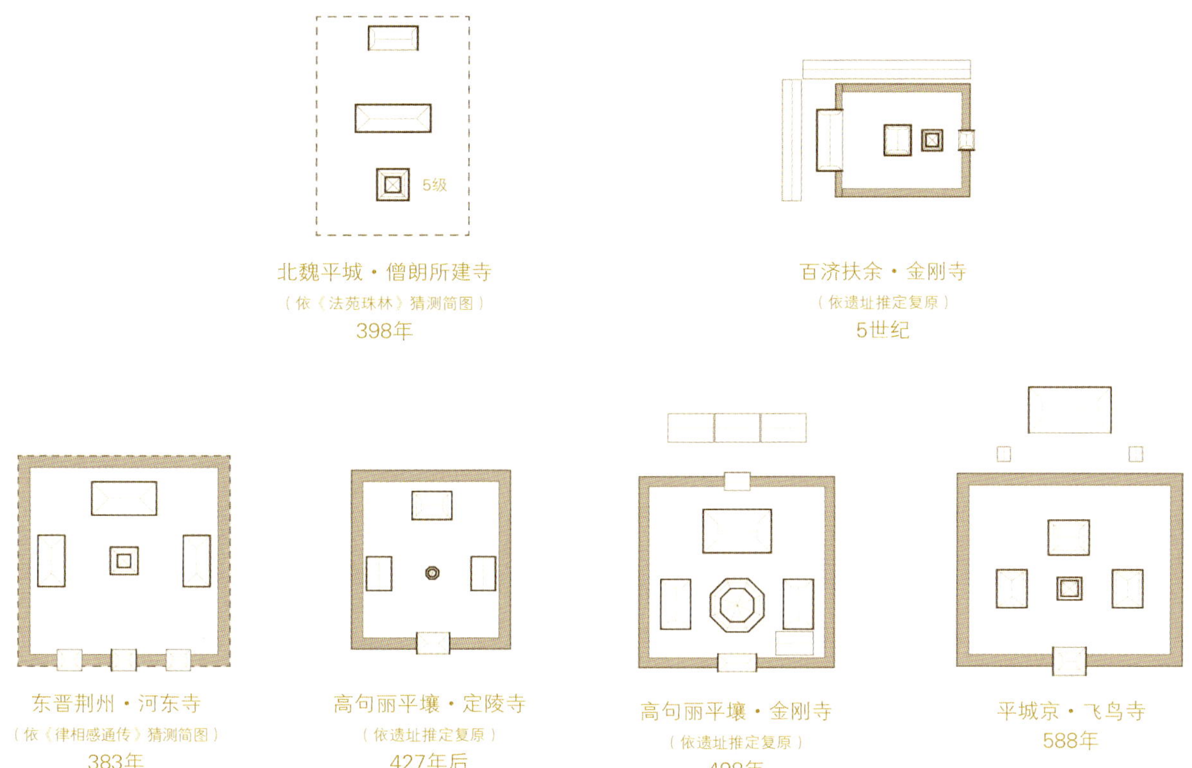

图 1–6　东晋十六国及南北朝前期佛塔 – 佛殿 – 法堂布局平面图

作者自绘

佛像过多而特意建立佛殿有可能是佛殿产生的一个原因①，另一个原因则可能是这一时期大型的佛像开始出现②。至于佛殿与塔的关系，是以塔为主还是以佛殿为主，由于缺乏材料，难于考实。尺寸巨大的荆州河东寺③似乎可以说明：当在拥有多个佛殿的寺院中建塔时，仍是以塔作为中心来安排。这种特殊的三佛殿绕一塔布局，与之后的高句丽定陵寺、金刚寺，以及日本平城京（奈良）飞鸟寺相同，由于河东寺的名气较大，不排除高句丽及日本的寺庙同它可能有师承关系（图

① 《建康实录・卷十二・太祖文皇帝》："驸马王景琛为母范氏，宋元嘉二年，以王坦之祠堂地与比丘尼业首为精舍。十五年，潘淑仪施西营地以足之，起殿。又有七佛殿二间，泥素精绝。"

② 《高僧传・卷五・释道安》记载，东晋释道安建檀溪寺，凉州刺史送铜万斤，以铸丈六佛像（约高 4 米），之后前秦苻坚又遣使送来各式佛像，"每讲会法聚，则罗列尊像……使夫升阶履闼者，莫不肃焉尽敬矣。"又《高僧传・卷五・竺法旷传》记载，东晋兴宁年间，沙门竺道邻造无量寿像，高僧竺法旷为之"起立大殿"。

③ 《律相感通传》："荆州、河东寺者，此国甚大。……晋氏南迁……此荆楚旧为王都……有东西二寺者，昔苻坚伐晋，荆州北岸并没属秦。时桓冲为荆牧，邀翼法师度江，造东寺，安长沙寺僧，西寺安四层寺僧。苻坚殁后，北岸诸地还属晋家。长沙、四层诸僧各还本寺，东西二寺因旧广立……大殿一十三间。惟两行柱通梁长五十五尺，栾栌重叠，国中京冠。即弥天释道安使弟子翼法师之所造也。自晋至唐，曾无亏损。……殿前塔宋谯王义季所造。塔内塑像，忉利天工所造。佛殿中多金铜像……寺房五重，并皆七架。别院大小，今有十所，般舟方等二院，庄严最胜。夏别常有千人，四周廊院，咸一万间。寺开三门两重，七间两厦，殿宇横设，并不重安，约准地数，取其久故。所以殿宇至今三百年余，无有损败。"

1–6）。值得注意的是，从平城僧朗所建寺中法堂、禅堂等与佛殿同时出现来看，似乎暗示此时佛塔–佛殿–法堂这一后世盛行布局开始出现，而同时期百济金刚寺的遗址发掘也印证了这一点。

精舍式佛寺

东晋时，精舍式的寺院在塔寺佛殿的影响下，功能上不再仅用于僧侣讲学，寺院的建制逐步扩大，开始兴建大量的附属房舍[①]。此类精舍的配置以僧侣修行需要的佛殿和法堂为主，大多没有布置佛塔，如《湘州枳园寺刹下石记》记载的王劭建精舍（图 1–7）：“……盛于江左。晋故车骑将军琅琊王劭，玄悟独晓，信解渊微。于太祖文献公清庙之北，造枳园精舍……虽房殿严整，而琼刹未树……”[②]同时，由于不同国家间的割据征战，不利于清修，僧侣开始选择名山建立精舍式佛寺，如东晋著名僧侣释道安的弟子惠永、惠远先后赴庐山，或建精舍、起堂殿，或立房殿、置禅林[③]。这一类精舍由于地形所限，往往不拘于对称形式[④]。

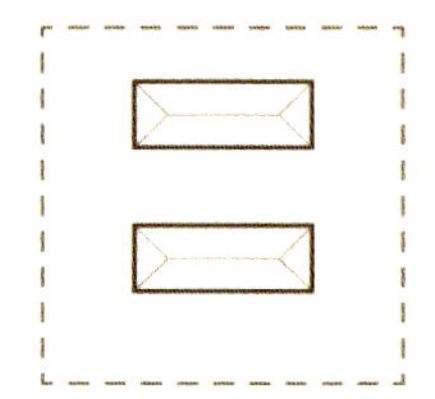

东晋建康・王劭所建寺
（依《湘州枳园寺刹下石记》猜测简图）
4世纪中后期

图 1–7　精舍式佛寺平面图

作者自绘

三、堂塔之变

据《辩正论》和《魏书・释老志》记载，北魏有寺院

---

① 《高僧传・卷五・道安》记载，兴宁三年（365）道安抵襄阳立寺，除起塔外，另建大批房舍，并营有堂殿：“（道安于襄阳）乃更立寺，名曰檀溪，即清河张殷宅也。大富长者，并加赞助，建塔五层，起房四百。”

② ［南朝梁］沈约：《湘州枳园寺刹下石记》，释道宣编撰：《广弘明集》卷十六。

③ 《高僧传・卷六・释慧远》：“伪秦建元九年，秦将苻丕寇反襄阳……远于是与弟子数十人南适荆州……及届浔阳，见庐峰清静，足以息心，始住龙泉精舍……（刺史）桓（伊）乃为远复于山东更立房殿，即东林是也……（远）复于寺内别置禅林……营筑龛室。”

④ 《名僧传抄・惠永传》：“晋太和中，（惠永）于寻阳庐山……南岭之上筑葺房宇，构起堂殿，与烟霞相接，名曰凌云精舍。”

13727 所，而梁也有佛寺 2846 所。南北朝的后期，中国佛教才算是真正进入了本土化的阶段，多元的形式也发展到了最高峰。除了佛塔和佛殿同时作为佛寺主体的配置关系得到确立之外，双塔和法堂都有进一步的发展。这个时期更出现了仅是以佛殿和法堂为主体的寺院、以阁为主要佛殿建筑的形制，以及别院。

在南北朝时期的中原佛寺建筑中，最重要的是考古发现的永宁寺遗址，及嵩岳寺塔的实物。其他可供参考的材料有敦煌莫高窟、云冈石窟、麦积山石窟等，以及文献记载。而随着佛教建筑自南北朝时期开始传入朝鲜半岛和日本列岛的，是大量的中国文化。特别是日本，在佛教传入初期，其佛寺建筑很大程度上保持了当时中国的风貌，可作为极珍贵的例证来加以对比。朝鲜半岛当时处于高句丽、百济、新罗并立的三国时期，虽当时的建筑已完全不存，但 20 世纪以来已发现近十座当时寺院的遗址，这批寺院的建造时间横跨 5 世纪初到 7 世纪初，将我们有确实事例的研究范围向前推移了近百年。

佛塔 – 佛殿

中国南北朝时期的佛寺建筑如今都已不存在，唯一发掘出遗址的就是《洛阳伽蓝记》中记述最详的永宁寺①。考古发掘出的永宁寺遗址基本上和《洛阳伽蓝记》中的记载相同，为山门 – 塔 – 佛殿布局（图 1–8），以方形楼阁式木塔作为佛寺的中心，佛殿位于塔的北面；塔依然保持中心的地位，而中轴线北面的次中心位置出现了中国式殿堂建筑。将它与之前提到的范晔《后汉书・陶谦传》的记载相较，则可发现佛殿替代了塔，成为安设佛像的所在。据《魏书・释老志》记载，北魏文成帝兴光元年（454）在平成五级浮屠内铸丈六金像五躯，如此大的佛像恐怕难以放置在塔内，此前我们曾推测的佛殿出现的原因在这里终于有了确切的证明。另外《洛阳伽蓝记》中记载，永宁寺的佛殿里有丈八金像一躯、中长金像十躯。永宁寺塔是洛阳最高大的塔，又是全寺主体，这些像却安置在殿中而不是塔中，除了表明殿比塔更适宜安置佛像②，也预示了日后佛殿地位的进一步提高。

---

① 《洛阳伽蓝记校笺・城内・永宁寺》："浮图北有佛殿一所，形如太极殿。……僧房楼观，一千余间……寺院墙皆施短椽，以瓦覆之，若今宫墙也。四面各开一门。南门楼三重，通三阁道，去地二十丈，形制似今端门。图以云气，画彩仙灵，到钱青璅，赫奕华丽。拱门有四力士，四师子。……东西两门亦皆如之。所可异者，唯楼两重。北门一道，上不施屋，似乌头门。"

② 傅熹年：《中国早期佛教建筑布局演变及殿内像设的布置》，见《傅熹年建筑史论文集》，文物出版社，1998 年，第 136—146 页。

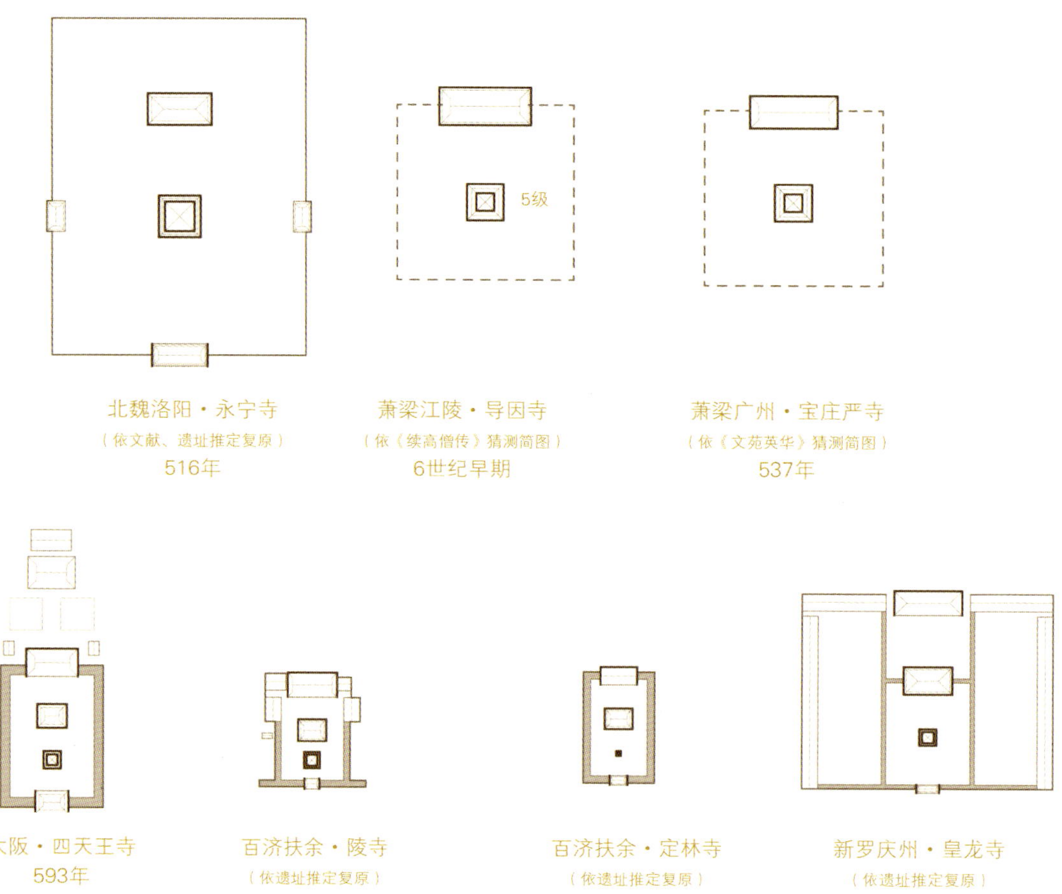

图 1-8　6 世纪东亚地区的一塔一佛殿布局寺院平面图

作者自绘

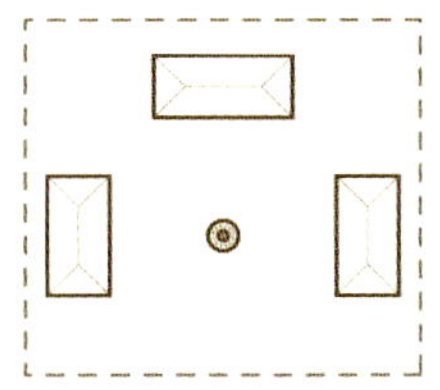

北魏嵩山・嵩岳寺
（依《嵩岳寺碑》猜测简图）
520年

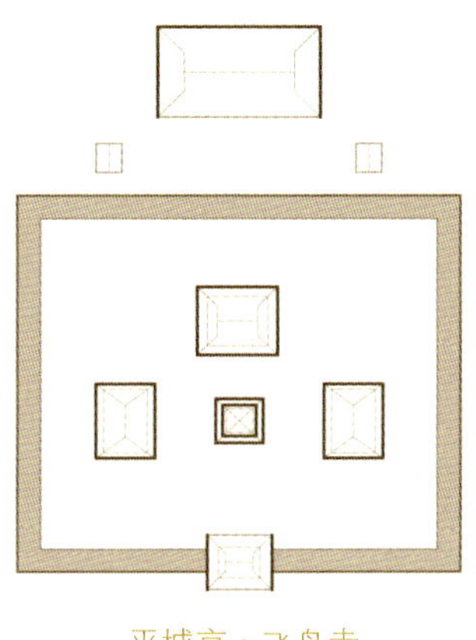

平城京・飞鸟寺
588年

图 1–9　6 世纪东亚的一塔三佛殿布局寺院平面图

作者自绘

在南朝，佛塔 – 佛殿式布局也能在文献中找到踪迹[①]。自百济武宁王（501—522）以来，朝鲜半岛的物质文化多受南朝影响。朝鲜三国时期的佛寺遗址大多以塔作为寺院中心，佛殿作为次要配置。虽然我们也可以看到许多后世没有的佛殿配置形式的佛寺出现，但与永宁寺大体相同、将佛殿布置在塔后方的，有新罗的皇家大寺皇龙寺（553），以及百济的金刚寺（5 世纪）、定林寺（6 世纪下半叶）和陵寺（566），这些都可以作为推测南朝佛寺中心布局情况的旁证。有学者怀疑，百济定林寺的布局或有仿自建康钟山当时有名的上定林寺（？—435）之可能[②]。

前文提到，这时期也有在中心伽蓝设置三座佛殿并将之分别布置在塔的左右和后方的格局，如与永宁寺同时期的嵩岳寺（图 1–9），它由北魏宣武帝离宫改建而成，也是采用三金堂，其中“十五层塔者，后魏之所立也。……其东七佛殿者，亦曩时之凤阳殿也。其西定光佛堂者，瑞像之戾止。……后有无量寿殿者，诸师礼忏诵念之场也”[③]。值得注意的是，现存的十五层嵩岳寺塔，是位于佛寺中心的砖砌密檐塔第一次代替楼阁式塔出现，它也是中国后世砖塔的滥觞。这与南北朝早期的荆州河东寺、高句丽的定陵寺（427 年

---

① 《文苑英华・卷八五二・王勃》之《广州宝庄严寺舍利塔碑》：“夫宝庄严寺舍利塔者，梁大同三年内道场沙门云裕法师之所立也。……法师聿提神足，愿启规模，爰于殿前更须弥之塔。”又《续高僧传・卷二五・慧耀传》：“昔日导因，今天皇寺是也，见有柏殿五间两厦。梁右军将军张僧瑶自笔图画殿其工。正北卢舍那相好威严，光明时发，殿前五级亦放光明。”

② 宿白：《东汉魏晋南北朝佛寺布局初探》，见田余庆主编：《庆祝邓广铭教授九十华诞论文集》，河北教育出版社，1997 年。

③ 李邕《嵩岳寺碑》：“十五层塔者，后魏之所立也。发地四铺而耸，陵空八相而圆，方丈十二，户牖数百……其东七佛殿者，亦曩时之凤阳殿也。其西定光佛堂者，瑞像之戾止。……其南古塔者，隋仁寿二年。置舍利于群岳，以抚天下，兹为极焉。……后有无量寿殿者，诸师礼忏诵念之场也，则天太后护送镇国金铜像置焉。……遥楼者，魏主之所构也。……食堂前古铁钟者，重千斤，函二十石，正光年中寺僧之所造也。……西方禅院者，魏八极殿之余址也。……南有辅山者，古之灵台也。中宗孝和皇帝诏于其顶，追为大通秀禅师造十三级浮图，及有提灵庙，极地之峻，因山之雄，华夷闻传，时序瞻仰。”

后）和金刚寺（498），以及日本稍晚的飞鸟寺（588）的布局相同。

日本这一时期的佛寺中，飞鸟寺是三金堂布局，大阪的四天王寺（593）（图 1–8）则是和永宁寺相同的布局。最著名的实例是在更晚的法隆寺中出现的将佛殿（金堂）与塔并置的情况（图 1–10），虽然这一形式至今仍是个孤例，法隆寺是否重建在学术界尚无定论，然而这样的配置明显表示了金堂与塔同等重要，在某种程度上也标志着佛殿地位的提升，佛殿地位与塔的地位互相呼应。法隆寺的金堂虽然仍是一个单层的佛殿，外形却和中国日后出现并且日益重要的阁相似，这也是一个耐人寻味的发展线索。

另一方面，许多同一个时代的石窟寺的形制及其内部存留的壁画，也可以作为我们了解当时佛寺配置形式的一些参考，虽然敦煌莫高窟北朝壁画中没有描绘完整的佛寺，但石窟本身的形制可能可以作为当时佛寺建筑的缩影，因印度的石窟寺本身即是露天寺院的岩石化[①]。印度的支提窟平面呈狭长的马蹄形，分作前后两个空间，前部是长方形的礼拜空间，后部是在半圆形平面的中心凿出圆形塔，在塔的周围形成通道，完全仿造了支提殿的形制（图 1–11）。当凿窟之风传入中国后，敦煌北朝时期的石窟主要是模仿支提式，即中心塔柱式。但是这种窟形在中国发生了一些明显的变化，除了窟形主要变为类似围合的方院的形式外，中心塔也不再是圆形，而统统变为方形，比如北魏中期的莫高窟第 254 窟。在云冈石窟中，这种方塔还被雕凿出各层仿木结构的塔檐和柱枋斗拱，可见，它是以中国当时通行的木塔样式作为蓝本的。莫高窟第 322 窟的唐圣历元年（698）《李克让修莫高窟佛龛碑》云：“后起涅槃之变；中浮宝刹，匝四面以环通；旁列

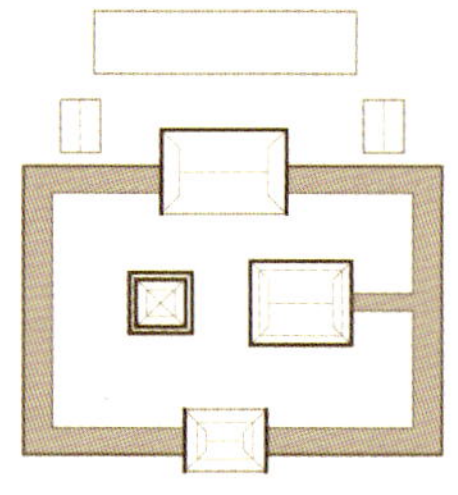

奈良·法隆寺
607年

图 1–10　奈良法隆寺西院伽蓝布局平面图

作者自绘

阿旃陀·支提窟
Ajanta Caves Caitya
公元前2世纪

北魏莫高窟第254窟·中心塔柱式
5世纪

图 1–11　印度支提窟与北朝中心塔柱窟平面图的比较

作者自绘

① 萧默：《敦煌建筑研究》，机械工业出版社，2003 年，第 295—331 页。

金姿，严千灵而侍卫。”正说明了石窟是对寺院的一种模仿，这些事例正好与永宁寺的规制可以相互印证。

佛殿 – 法堂

虽然没有留下遗迹，但是从《洛阳伽蓝记》的记载中可以得知，另外一种更加中国化的寺院——山门 – 佛殿 – 法堂式寺院，也在这个时期出现并且盛行。在当时的皇室贵族中，“舍宅为寺”的风气盛行。想要便捷地将一座贵族的府邸转化为一座寺院，最好的方式就是利用已有的建筑，“以前厅为佛殿，后堂为讲室”[①]（图 1–12）。北魏洛阳城中，除皇家册立的大伽蓝，多为这种小型寺院。仅《洛阳伽蓝记》一书中，就有九座佛寺是以“舍宅为寺”的方式建立的。而且我们有理由相信，由于建塔需要更加雄厚的财力，因此有更多书中未记载的佛寺也是佛殿 – 法堂这种形制的。当然我们也注意到，在这九座有记载的佛寺中，有三座另立了塔刹[②]，这也从另外一个角度证明了当时佛塔的重要性。根据推理，在这样的寺院的中心院落部分，因原有布局将佛殿作为中心，应该没有足够的空间来安置塔，即便安置了，塔的形制也只能大大小于原有的佛殿。如需设立五级或七级的巨大浮屠时，则只能设置于别院之中，那么这就有可能是后世塔从寺院中心部分独立出来的原因。由于无法具体了解塔与原有佛殿之间的关系，这一推理也只能借由以后的考古发掘来印证。而在朝鲜半岛，佛殿 – 法堂式布局也第一次

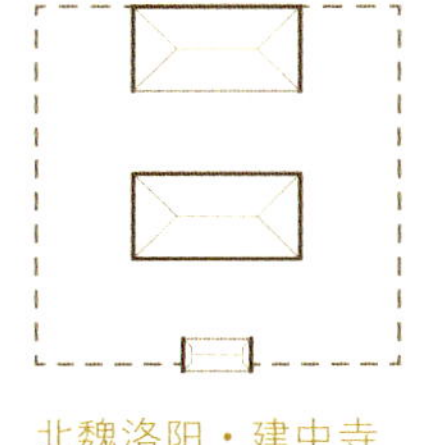

北魏洛阳・建中寺
（依《洛阳伽蓝记》猜测简图）
531年

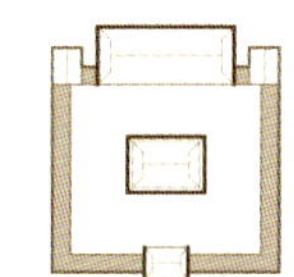

百济扶余・东南里寺
（依遗址推定复原）
6世纪

图 1–12　6 世纪东亚佛殿 – 法堂布局寺院平面图

作者自绘

① 《洛阳伽蓝记校笺・城内・建中寺》：“普泰元年尚书令乐平王尔朱世隆所立也。本是阉官司空刘腾宅。屋宇奢侈，梁栋踰制。一里之间，廊庑充溢。堂比宣光殿，门匹乾明门。……朱门黄阁，所谓仙居也。以前厅为佛殿，后堂为讲室。”

② 《洛阳伽蓝记》中所列舍宅为寺之佛寺，计有建中寺、愿会寺、平等寺、归觉寺、高阳王寺、崇虚寺、冲觉寺、追先寺、大觉寺。其中平等寺、冲觉寺、大觉寺另建浮屠。

有了确实的印证，如百济的东南里寺（6 世纪）。

双塔

承接南北朝前期的双塔佛寺，在南北朝后期见诸文献而具有双塔形制的佛寺，南、北朝各有一个，包括了北魏的明练寺[①]（图 1-13）。如果拿同时期的其他寺院形制来参考，这两个双塔的寺院可能还有佛殿或讲堂在中轴线后方，类似于后来日本奈良药师寺的双塔配置。双塔左右对称配置，虽然塔在数量上多过单塔，几何上塔的重要性却相对降低，反而相对衬托了在中轴线上的金堂或法堂。就这点来看，双塔的对称配置正如同法隆寺塔和金堂的并置，都暗示了日后金堂终将取代塔的重要地位。双塔的对称配置同时也可以连接上唐代以后寺院汉化的形制——以左右对称的钟楼经藏取代了双塔的几何位置。

图 1-13　南北朝晚期双塔布局寺院平面图

作者自绘

从这一系列的寺院中可以看到，南北朝时期的塔寺中，塔的中心地位是毋庸置疑的，而佛殿与法堂则表现出相当程度上的自由性，但仍以塔的方位作为中心来安排。法堂可以在中心院落的北面与回廊或院墙相连，或在回廊外侧。“舍宅为寺”的佛寺则形成了另外一种山门 - 佛殿 - 法堂式布局，也强化了佛殿在寺院中的主要位置。

---

① 《梁书・诸夷・海南诸国传》：“至四年九月十五日，高祖又至（阿育王）寺设无导大会，竖二刹，各以金罂，次玉罂，重盛舍利及爪发，内七宝塔中。又以石函盛宝塔，分入两刹下……十一年十一月二日，寺僧又请高祖于寺发般若经题，尔夕二塔俱放光明，敕镇东将军邵陵王纶制寺大功德碑文。”又《金石萃编・卷八九・靖彰》之《大唐中岳永泰寺碑颂》：“此故（明练）寺……千佛二古塔者，昔（北魏孝明帝为其妹）明练之所起……”

中国
佛教美学
典藏

第二章

唐辽盛期的佛寺

综述

经过南北朝的充分发展，佛教在大一统的隋唐两代进入历史的全盛期。初唐道宣律师在《中天竺舍卫国祇洹寺图经》中所展示的、如同里坊城市一般的多院落佛寺布局，最初来自梁武帝变革后的佛寺布局，这种布局在南北朝末期随着中国的再度统一，成为有唐一代经典的佛寺布局，并深刻影响了之后佛寺的形态。

从中唐开始，佛阁开始成为佛寺内最为醒目的高层建筑。从五代留下来的《五台山图》里可以看到，有相当一部分寺院的中心建筑变为楼阁，包括因保留唐代佛殿而著名的佛光寺，其中心在唐代时也是一座弥勒阁。随着唐代以后寺院中轴线的逐步延长，佛阁的位置开始从中院的几何中心向后偏移，与两侧的配阁一起形成高阁林立的配置。同时，在巴蜀的摩崖佛寺中，虽然原有大佛阁早已毁弃，但依然保持着佛阁居中的布局。

佛教极盛的辽代中晚期，佛寺在上承唐风的基础上，逐步发展出以整座寺院的建筑配置去体现某种信仰体系的特别意匠。此种意匠下的佛寺，一寺之建筑亦可视作一坛之尊像，彼此之间有着宗教义理的复杂关系。在几乎与之同时期的日本平安时代，在密教和净土信仰的熏修下，京都和高野山的佛寺也呈现出相同的发展趋势，是为中古晚期佛寺形态的一道异彩。

第一节 重院层坊①

南北朝中期是佛教在中国历史上的第一个黄金时期。在北魏的洛阳城和南梁的建康城，巨大的国家大寺开始修建。与北魏的佛寺相比，南梁的佛寺空间渐趋复杂，呈现出特别的多院落形态，其代表为梁武帝为父母和自己分别修建的大爱敬寺、大智度寺和同泰寺。根据道宣在《续高僧传》中的记载我们可以知道，梁武帝依照陵寝的制度来修建大爱敬寺和大智度寺，其中大爱敬寺“中院之去大门，延袤七里，廊庑相架，檐溜临属。旁置三十六院，皆设池台，周宇环绕”，是非常规整的多院落布局（图2–1）。而同泰寺的形制，除了有多院落的特征之外，还非常独特地再现了武帝自创的融合佛教和中国宇宙观的“盖天”图像，同泰寺是中国历史上最早一座类似曼荼罗形式的佛寺。北朝佛寺虽规模宏大，但未尝见文献记载中有可以独立于中心伽蓝之外的别院产生。南朝佛寺的多院落特点被之后的隋唐大型皇家佛寺继承下来，并被《关中创立戒坛图经》等佛教戒坛概论典籍作为模板摹写。值得思考的是，在文献描述中这种别院的形制与当时印度的那烂陀寺等大型佛寺很相似（图2–2），这似乎说明了中国佛寺在此时期仍然受到来自印度的影响。

也有一类拥有别院的寺院，是由旧有的佛寺扩建而成，如荆州河东寺：“自晋宋齐梁陈氏，僧徒常数百人。陈末隋初，有名者三千五百人。……自晋至唐，曾无亏损。……殿前塔宋谯王义季所造，塔内塑像，忉利天工所造。佛殿中多金铜像，宝帐飞仙，珠璎华珮，并是四天王天人所作。……寺房五重，并

① 本节由东南大学建筑学院讲师王伟侨撰写。

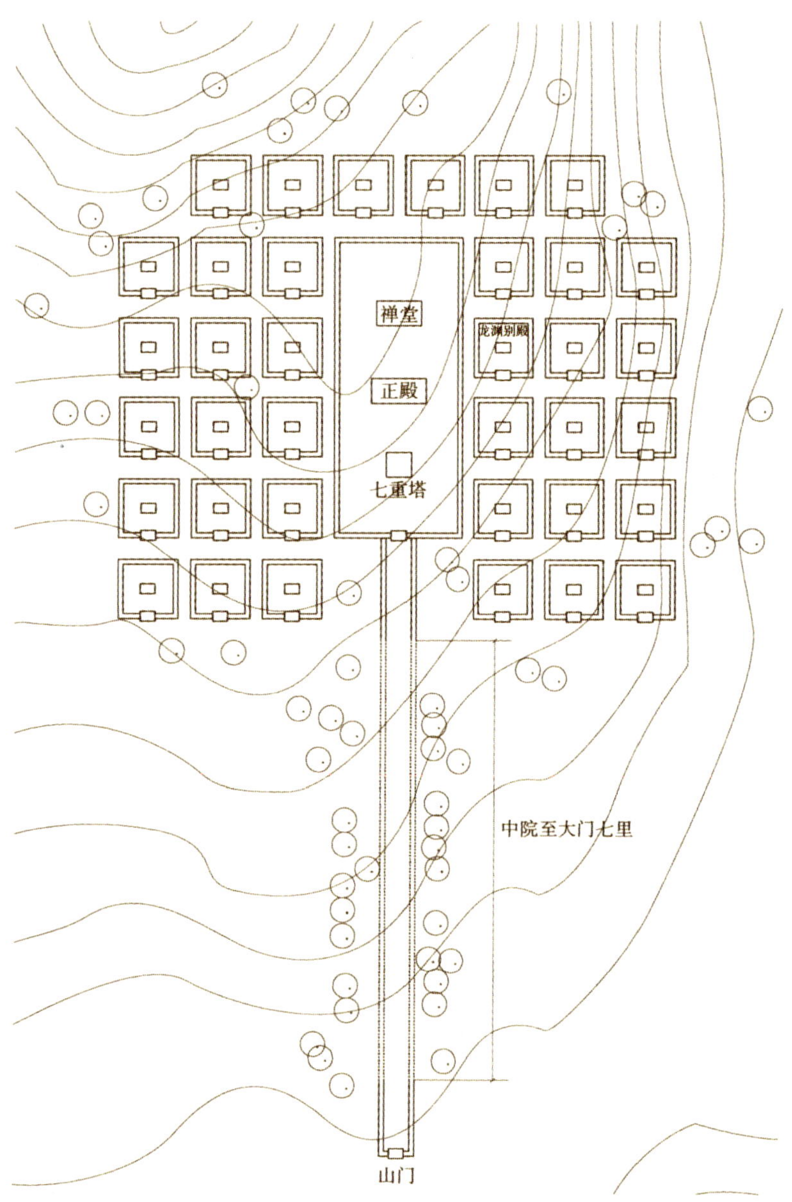

图 2-1　南梁建康大爱敬寺、大智度寺猜想平面图（上为大爱敬寺，下为大智度寺）

杨澍：《〈续高僧传〉中建康及荆州几所佛寺的平面布局》，《中国建筑史论汇刊（第 14 辑）》2017 年

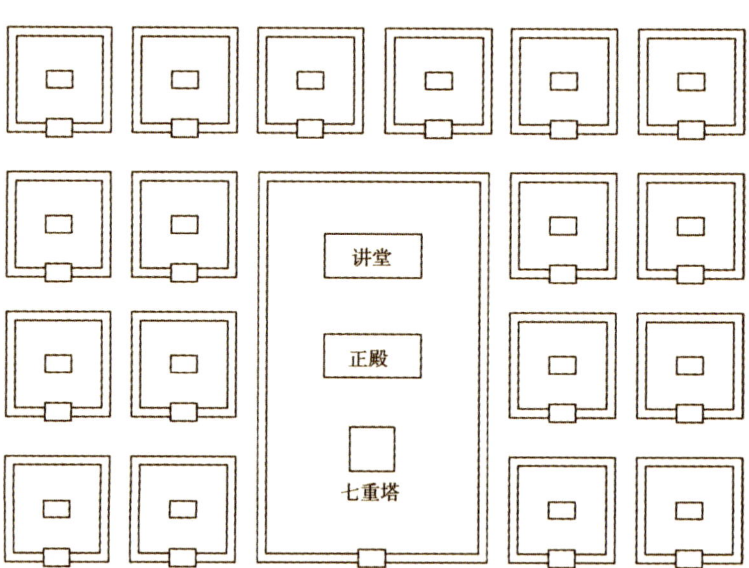

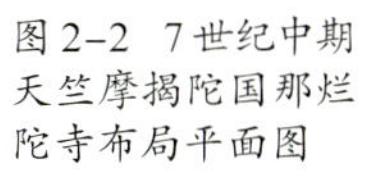
图 2-2 7世纪中期天竺摩揭陀国那烂陀寺布局平面图

作者自绘

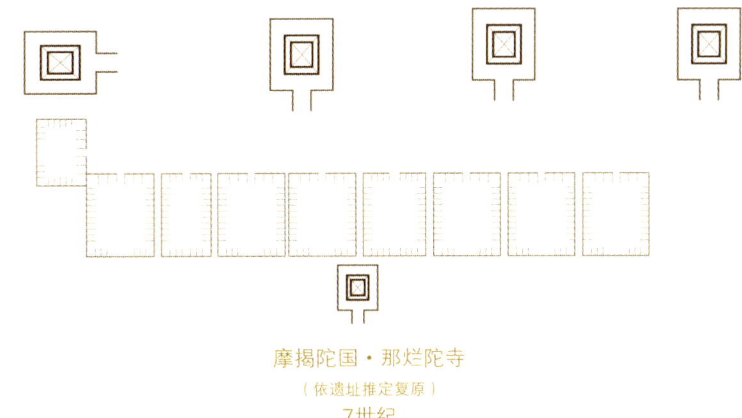

皆七架，别院大小，合有十所。般舟方等二院，庄严最胜。夏别常有千人，寺中廊庑，咸一万间。寺开三门两重，七间两厦，殿宇横设，并不重安。约准地数，取其久故，所以殿宇至今三百年余，无有损败。”[①]以上道宣所述河东寺对中院、别院和般若台的兴造，约是梁以后的情况。这种从小到大的演变过程，也是当时众多佛寺的发展趋势。

梁武帝的创举背后有着非常深刻的含义。同泰寺是他为自己菩萨皇帝形象打造的讲法场所，其形式暗含着皇宫与佛寺的统一，这一形式随后也传入北齐。2017 年对北齐邺城大总持寺的发掘显示，梁武帝创造的寺院范式的影响异常深刻，大总持寺呈现出中院与两侧僧院的分离，是目前发现的最早的多院落形式寺院（图 2-3）。周武帝灭佛后，北周及北齐境内的佛寺、佛塔及佛像等被大量焚毁，佛教为之一衰。然而，这一趋势在周武帝身没之后迅速反转，佛法又兴；到隋文帝统一中国后，佛教全面复兴；至唐代，南北方佛教已趋向融合。大一统国家典章制度的重新确立，也意味着佛寺经营追求正统、完美。唐高宗乾封二年（667），终南山律宗大师道宣在北齐高僧灵裕所撰《寺诰》的基础上，撰写《关中创立戒坛图经》（以下简称《戒坛图经》）（图 0-4）和《中天竺舍卫国祇洹寺图经》（以下简称《寺经》）。两部图经所记载的佛寺，清晰地体现了南梁—北齐—隋—唐一线发展的成熟结果。

历史上，当政朝廷对佛教的态度和政策往往深刻影响寺院僧侣的生活及寺院的空间布局。寺院空间布局可以理解为政治及社会关系在建筑层面上的物化呈现，从本质上讲，是佛、僧、人在空间关系上的体现。隋唐以前，佛塔作为佛陀的象征，在寺院布局中依旧占有中心位置。唐高宗即位之初，曾敕令玄奘慈恩寺中的浮屠位置“改就于西院”[②]，大大有别于浮屠通常所位于寺院中心的位置。塔的重要性在逐渐减弱，此后以殿堂为中心的寺院布局越趋常见。“唐代寺院的子院

① ［唐］道宣：《律相感通传》，《大正藏》第 45 册，第 878 页。
② ［唐］慧立原本，彦悰撰定：《大慈恩寺三藏法师传》卷七。

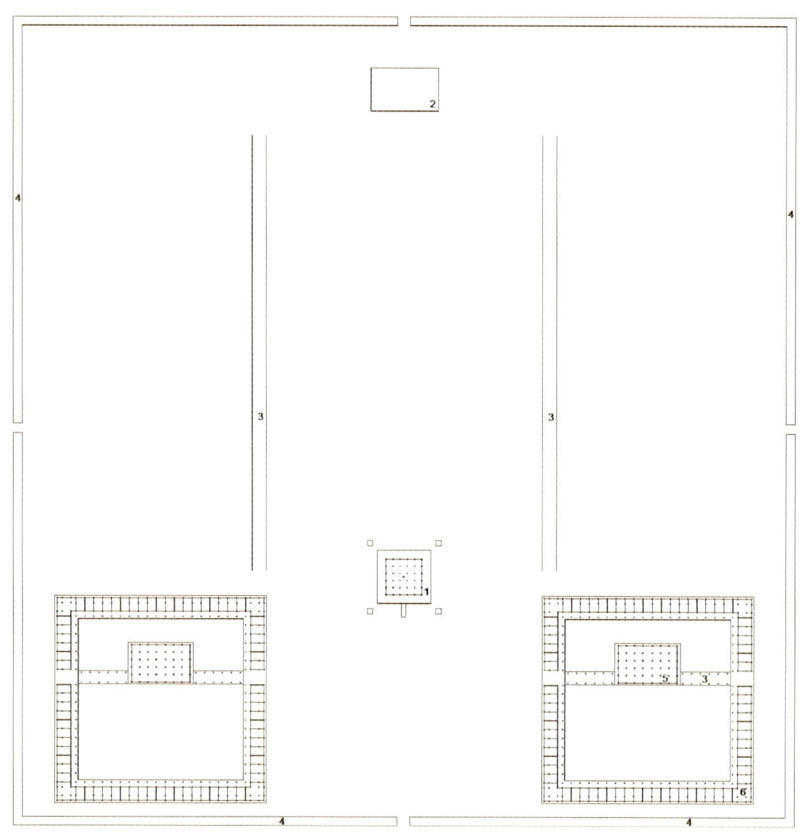

图 2-3 北齐邺城大总持寺平面图

作者依《河北临漳县邺城遗址赵彭城北朝佛寺2010~2011年发掘简报》,《考古》2013 年第 12 期绘制

还体现了唐代佛教发展的平民化趋势。隋至唐前期，佛教发展主要依赖于帝王与贵族阶层的支持；唐中期以来，佛教逐渐扩展到平民阶层，甚至平民阶层逐渐成为主要的信众构成。”[①]可见，仅体现佛与僧关系的寺院建筑布局正逐步演变为佛、僧、人三者关系所形成的寺院格局；尤其是梁武帝允许汉人出家后，普通信众在寺院生活中的参与度不断提升，这逐步推动了寺院建筑功能往实用性方向发展。在确立佛寺中院殿堂配置的过程中，如同里坊城市一般的多院落佛寺布局也在逐步得到确立，这在道宣撰写的《戒坛图经》和《寺经》中都能寻得理想佛寺布局应当具备的特点。

① 李德华:《唐代佛教寺院之子院浅析——以〈酉阳杂俎〉为例》, 见王贵祥主编:《中国建筑史论汇刊(第6辑)》, 中国建筑工业出版社, 2012 年, 第 85 页。

两部图经：唐代理想佛寺的平面布局

《戒坛图经》和《寺经》是目前所存的与佛寺布局相关的重要史料，它们记载了唐代创立佛寺的理想布局范例，值得进一步挖掘其布局结构及背后的指导思想，从而反观唐之后的寺院布局在多大程度上受到理想模型的影响。

首先，在讨论唐代佛寺平面布局时要注意几个前提：（1）寺院的等级问题。关于这一点，宿白基于唐开元年间韦述所撰《两京新记》和宋熙宁年间宋敏求所撰《长安志》对长安佛寺的记录，依寺院占地面积将寺院划分为四至五个等级，从占地一坊到占地八分之一坊不等[①]。针对唐长安以外的寺院布局，他依据史料中记载的佛寺主院布局的差异将寺院类型分为五种[②]。从《戒坛图经》和《寺经》所描绘的情况来看，道宣讨论的是官寺，即隋唐长安城皇家赐额的大寺院，其规制、等级与普通小寺院当有不同。（2）寺院布局变化分析的立足点。基于何种布局参考来讨论寺院布局的演变，比如分析唐代寺院布局，需要充分理解隋代寺院甚至是更早的魏晋南北朝时期的寺院布局。宿白依《续高僧传》等史料分析得出，隋代仍以建塔为重，多为舍利塔，且塔多置于殿前[③]。龚国强重点分析隋唐寺院布局变化，指出唐代寺院的多院落趋势，并进一步把寺院布局分为"有塔型佛寺"和"以佛殿为主的无塔型佛寺"。"隋唐佛寺之间的差别主要在于佛塔的有无、塔殿的如何搭配以及院落的多寡"[④]。（3）寺院理想平面布局的来源是什么。（4）寺院平面布局对后来寺院建置影响。这些都是值得我们关注的要点。

其次，对唐代佛教寺院的研究大抵能从以下四方面的材料入手：（1）历代关于寺院的记录资料，包括城坊志书（如《长安志》）、画记（如《历代名画记》）、游记（如《入唐求法巡礼行记》）等。（2）关于寺院的壁画、画作等（如敦煌莫高窟的壁画）。（3）现存唐代寺院案例，我国已没有唐代佛寺的整体遗存，只能借鉴日本遗留的与唐代同期的寺院案例，如日本奈良法隆寺。（4）考古发现，如唐青龙寺、西明寺的遗址发掘，尽管目前为止对这些遗址仅做了局部发掘工作。鉴于唐代的寺院布局在今天遗留的实例并不多，结合上述材料，研究《戒坛图经》和《寺经》可以帮助我们想象和理解唐代寺院布局，也有利于我们解

---

① 宿白：《试论唐代长安佛教寺院的等级问题》，见宿白著《魏晋南北朝唐宋考古文稿辑丛》，文物出版社，2011 年。

② 宿白：《试论唐代长安佛教寺院的等级问题》，《文物》2009 年第 1 期。

③ 宿白：《隋代佛寺布局》，《考古与文物》1997 年第 2 期。

④ 龚国强：《隋唐长安城佛寺研究》，文物出版社，2006 年，第 117 页。

答关于两部图经的疑问。

道宣在《寺经》序言中提到："唐乾封二年季春终，南山释氏感灵所出。夫寺塔之基其源远矣……祇园兴废经二十返。……隋初魏郡灵裕法师名行夙彰，风操贞远，撰述寺诰，具引祇洹。……觉梦虽异，不足怀疑。"[1] 可见，道宣"搜采群篇"，结合《寺诰》所述，"忽于觉悟，感此幽灵"，著作《寺经》以示对祇洹精舍的理解与传承，其目的是为佛寺中国化寻求正统而理想的寺院模式。正如其在序言所说："余以祇洹本寺，主久所居二十五年，一期化迹，七处八会之鸿业，形不从于此园，五部四含之玄藉，法多从于斯寺。"佛世尊居住祇洹精舍约二十五年，其间宣讲许多著名经典，其布局成为后来寺院所模仿的对象也是自然而然的。

然而，将两部图经所描述的布局与法显在5世纪末所记载的祇洹精舍的形制相比较，可知两者实无确凿联系。而另外一位在印度留学的唐代高僧义净，更是直接在他的《大唐西域求法高僧传》中，尖锐地批评道宣的图样不实："曾忆在京见人画出祇洹寺样，咸是凭虚。"然而，正如何培斌教授的研究所指出的那样，道宣的目的并非精确地复刻印度寺院甚或中国寺院，而是提出一个理想的寺院规划，将律宗正确的教化方式传授给信徒。佛法清晰地体现在道宣所描绘的理想建筑中。图经所表现的形式相传是在天上存在的，然而道宣的模本显然是尘世的寺院，也即他与北齐高僧灵裕所见的北齐与隋代的大寺。

由此发展而来的唐代寺院，以中院为核心院落，周围分布着功能各异的子院。中院与子院的组合方式与同时期的城市布局、宫殿布局或民居布局多有相似之处。比如《戒坛图经》和《寺经》所描述的寺院布局与长安城的里坊制布局有同构之处。对于两图经所描绘的佛寺布局特点，当代学者有不少关注。其中钟晓青根据《戒坛图经》和《寺经》的内容分别绘制了佛院平面示意图（图2-4），并分析两份图经资料所描述寺院布局的异同点[2]。《戒坛图经》和《寺经》这两部图经的共同点体现在中院和子院之间的整体结构组织上，即寺院中轴线上为佛域空间，四周为僧域空间。

图2-4 《关中创立戒坛图经》和《中天竺舍卫国祇洹寺图经》所绘佛院平面示意图

钟晓青：《初唐佛教图经中的佛寺布局构想》，《美术大观》2015年第10期

① 道宣：《中天竺舍卫国祇洹寺图经》，《大正藏》45册，第883页。
② 钟晓青：《初唐佛教图经中的佛寺布局构想》，《美术大观》2015年第10期。

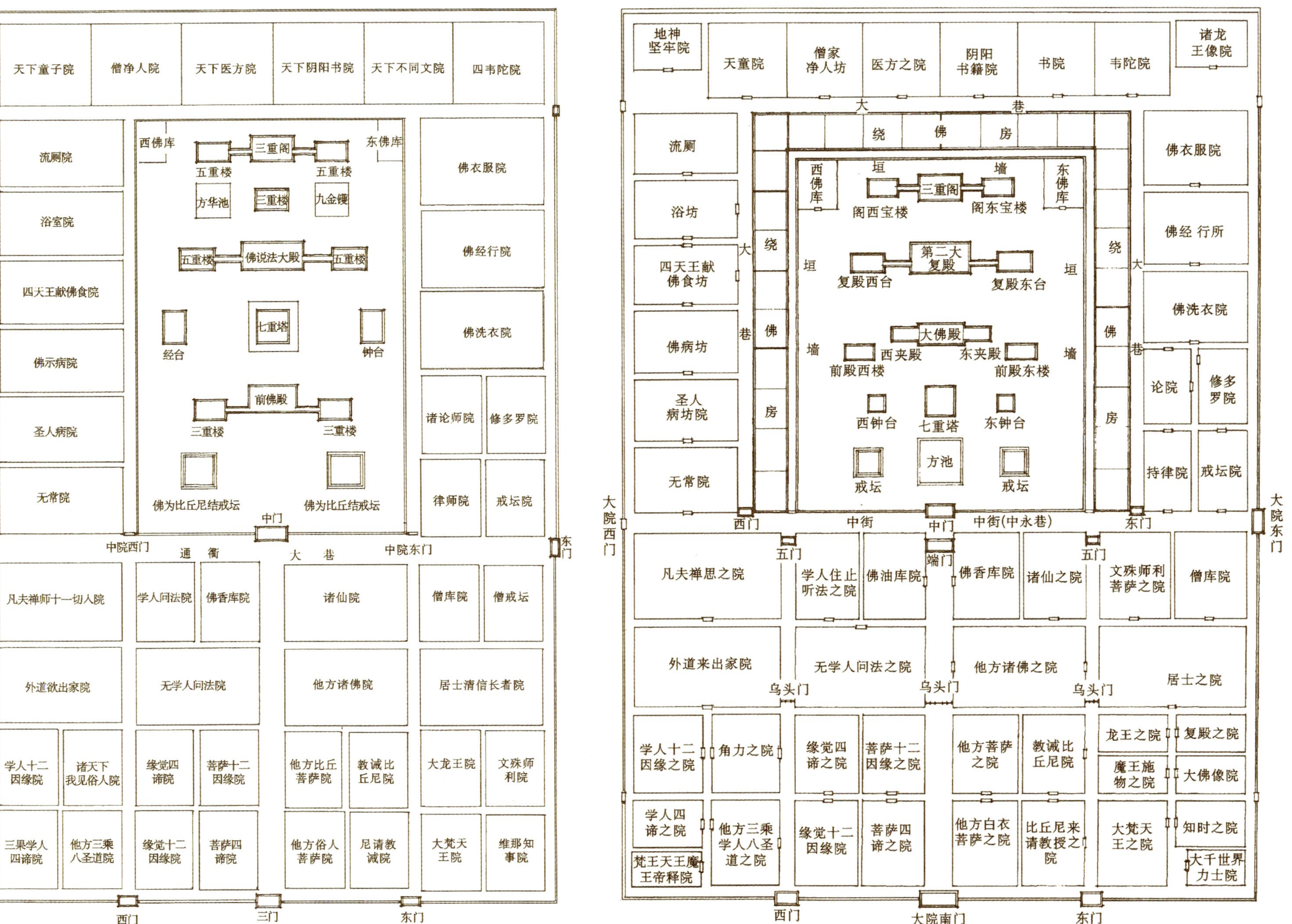

《关中创立戒坛图经》所绘佛院平面示意图

《中天竺舍卫国祇洹寺图经》所绘佛院平面示意图

不同点主要为中院内部的具体配置，以及中院与子院之间的分隔上。

总体而言，《戒坛图经》与《寺经》在中院的配置上有较高的相似性，除了遵守严格的南北向中轴线外，塔、殿、楼、阁、戒坛、高台的数量及具体位置有一定的灵活性，这点或许为后来明清寺院更加强调中轴线上伽蓝配置的纵深感埋下了伏笔。两部图经的子院配置比较近似，子院名称方位也基本一致。中院之南有贯穿全寺的东西大道，大道以南主要是僧众共处的子院，如接待访客、接受供养或俗人学法礼佛所用；大道以北，位于中院东、西、北三面的主要为僧人居住使用空间。值得注意的是，子院因功能配置不同，尽管围绕中院分布，其功能及大小没有必然的对称性。《寺经》中还规定：中院规模尺度比子院大，“院坊大小僧佛位殊故”[①]。圣凡有别，道场有别于普通住所，重在革俗通理。建筑地位的重要性通常反映在建筑本身的体量上，即高与大，佛院比僧院大也是情理之中。因此，一个神圣的道场应当是“十方清信归迹云集，九界灵祇投诚雾结，至于六师异道倾影覆之威奇，四俗怀生得真教之雅趣”[②]。

唐代实例：考古与文献

《戒坛图经》和《寺经》中反映出的唐代佛寺布局特点，主要体现在依旧保留南北中轴线并且在中轴线上布置重要建筑。中院为佛域空间，四周为子院，且每个子院都有设置圣域空间。后勤部分多在寺院外围、靠近出入口处布置，佛院多设在寺院较靠里的位置。唐代著名寺院，如作为长安首寺、占据靖善坊一坊之地的大兴善寺，据王贵祥考证，则具有至少不下 11 处的院落，它们分别是：素和尚院、行香院、不空三藏院、大教注顶院、广宣上人竹院、崔律师院、英律师院、僧道深院、寂上人院、隋松院，以及翻经院（图 2–5）。大兴善寺中院巨大，正中大殿铺基十亩，形制类似唐长安太庙大殿，与此相对应的中院，据推测有百亩之大；大殿之前，左右立有钟楼与转轮藏经阁，阁南又有双塔。中院为回廊所围绕，廊东西两侧各有五个院落，颇类似《寺经》中东西横街以北的空间格局[③]。

① 道宣：《中天竺舍卫国祇洹寺图经》，《大正藏》45 册，第 833 页。
② 同上。
③ 王贵祥：《唐长安靖善坊大兴善寺大殿及寺院布局初探》，见王贵祥主编：《中国建筑史论汇刊》（第 10 辑）中国建筑工业出版社，2014 年。

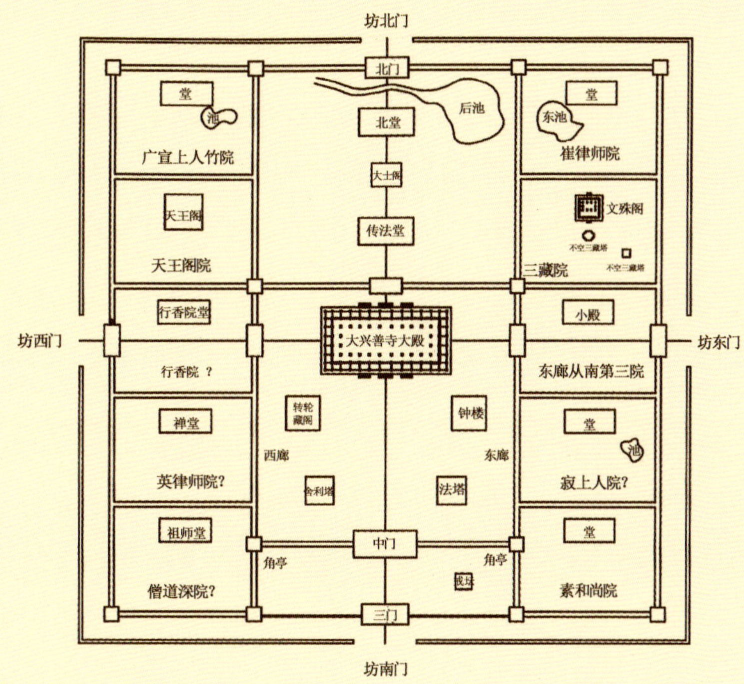

图 2-5 唐长安大兴善寺平面复原图

王贵祥:《唐长安靖善坊大兴善寺大殿及寺院布局初探》,《中国建筑史论汇刊(第10辑)》2014年

而另外一座巨型寺院——唐玄宗敕建的成都大圣慈寺，则有九十六院之多，在《历代名画记》《益州名画录》《图画见闻志》《成都古寺名笔记》等唐宋文献中，记载了四十四院的名字：

药师院、石经院、大悲院、三学延祥院、竹溪院、崇福禅院、崇真禅院、西北禅院、极乐院、兴善院、中和院、灌顶院、炽盛光明院、观音院、六祖院、御容院、方丈院、萧相院、多利心院、经楼院、胜相院、鲜于院、百部院、千部院、白马院、承天院、如意轮正觉院、文殊阁院、西大悲院、大将院、保福院、石像院、慧日院、吉安院、寿宁院、华严院、西林院、揭谛院、宝胜院、弥勒院、锦津院、东律院、愣严院、起悟院。

其中南宋范成大《成都古寺名笔记》，又以“前寺”“中寺”来分别记载大圣慈寺的各部分，由此可见，大圣慈寺在空间上应该分为前后两部分。前寺有六院，或分立中轴线两侧；而更值得注意的是，中寺在后，旁立数院。若前后两部分的区分是以东西横街来划定，则大圣慈寺与《寺经》有着相当类似的布局。

长安西明寺是《寺经》著者道宣曾经驻锡的道场，其寺始建于唐高宗显庆年间，与道宣写作图经的时间接近，其布局可以说是《戒坛图经》和《寺经》在实际应用中的典范。据唐慧立、彦悰《大慈恩寺三藏法师传》、北宋宋敏求《长安志》、宋志磐大师《佛祖统纪》和清徐松《两京城坊考》等记载，结合西明寺考古发现[①]，西明寺位于唐长安城延康坊西南隅（图 2–6），占四分之一延康坊，共有大殿十三所，楼台廊庑四千区，为唐代最重要的皇家寺院之一，保存有唐代御造经藏。

作为国家译场，玄奘、义净、不空等曾在此翻译众多经典；道宣、怀素、圆测、善无畏等曾在此驻锡，它与南山律宗、东塔宗、法相宗西明系、密宗渊源深厚。同时，该寺也是众多留学僧如日僧永忠、空海、圆载、圆珍、道慈等的学法之地。西明寺的建筑布局对日本平安时期大安寺的建造产生了重大影响。如《大安寺缘起》记载："中天竺舍卫国祇园精舍以兜率天宫为规模焉，大唐西明寺以彼祇园精舍为规模矣，本朝大安寺以彼西明寺为规模焉。寺社在大和国添上郡，其宝塔华龛，佛殿僧房，经藏钟楼，食堂浴室，内外重构，不遑具记。"[②] 此外，19 世纪得仁在《弘法大师年谱（12 卷）》一书中缩印了一张唐西明寺的布局图（图 2–7），据称，该图已有上千年的历史，是日本僧人道慈求法长安时所作，恰逢大安寺营建，所摹唐西明寺图正好为其所用[③]。

图中所绘西明寺有明确南北向中轴线，轴线上依次为牌门、净池、南门、讲堂、观音殿、登坛具戒、莲池、宝坛、方丈。其中南门、观音殿和宝坛分别有墙垣做分隔。观音殿至宝坛之间为最重要的中院部分，院内有竹子和莲花池，两侧对称分布僧堂。中院西侧为寺院僧人辅助空间——浴室、香积厨、库院等。首先值得注意的是，道慈所绘西明寺是以殿堂为中心，双塔列于南门前、净池两侧。其次，地方信仰已然融入寺院布局中，讲堂两侧为生祠，东侧虽绘钟楼，却不见鼓楼。道慈所绘西明寺或许只是寺院中轴线的一部分，并没有完整表达。参照从 1985 年开始的西明寺考古发掘工作，虽未能完整发掘，但挖出的三个院落大致可以帮助理解西明寺殿堂沿轴线分布情况（图 2–8）。

道慈所绘的西明寺，与《戒坛图经》和《寺经》中的佛寺相比，都为中院和子院结构，虽然中院内的殿堂类型具体有所不同，但二者都强调纵轴线。在此基础上略有差异的是，西明寺图中未见明显南北分区，未见东西向大街。模仿西明寺布局而建的大安寺既有南北向纵轴线，也有明显的南北分区。大安寺

① 中国社会科学院考古研究所：《青龙寺和西明寺》，文物出版社，2015 年，第 116—134 页。
② 《大安寺缘起》，见《新校群书类从》四三五，第 88 页。
③ ［日］得仁：《弘法大师年谱（12 卷）· 卷三》："曰天平九年帝将新大官寺，下诏觅伽蓝制式皆无知者。道慈奏曰臣僧在中华时见西明寺，私念异日归国，苟逢胜缘，当以此为则。写诸堂之规袭藏巾笥，今陛下圣问，实臣僧之先抱也。"。

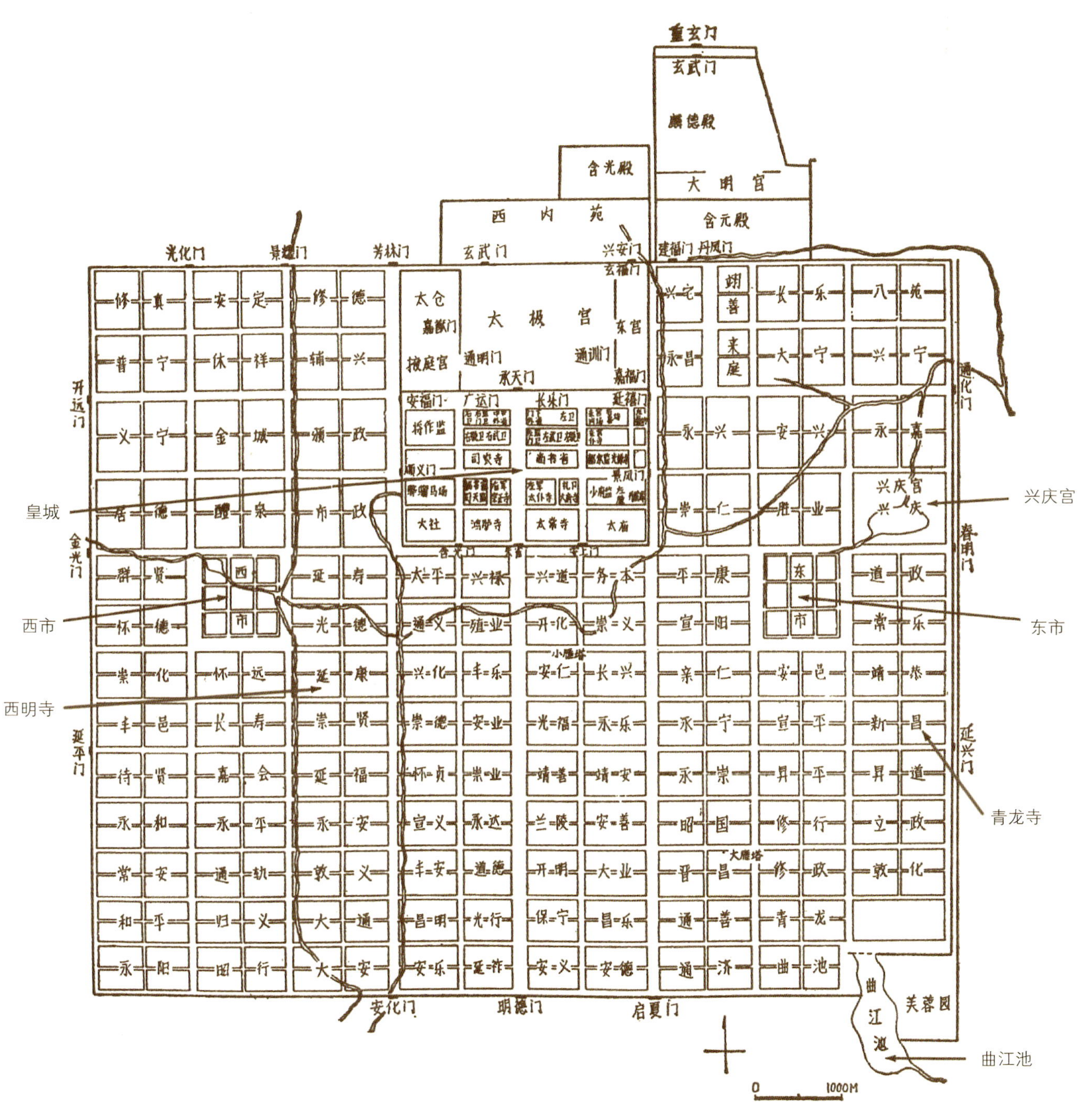

图 2-6　唐长安城复原图及青龙寺和西明寺位置示意图

中国社会科学院考古研究所：《青龙寺和西明寺》，文物出版社，2015 年，第 4 页，图二

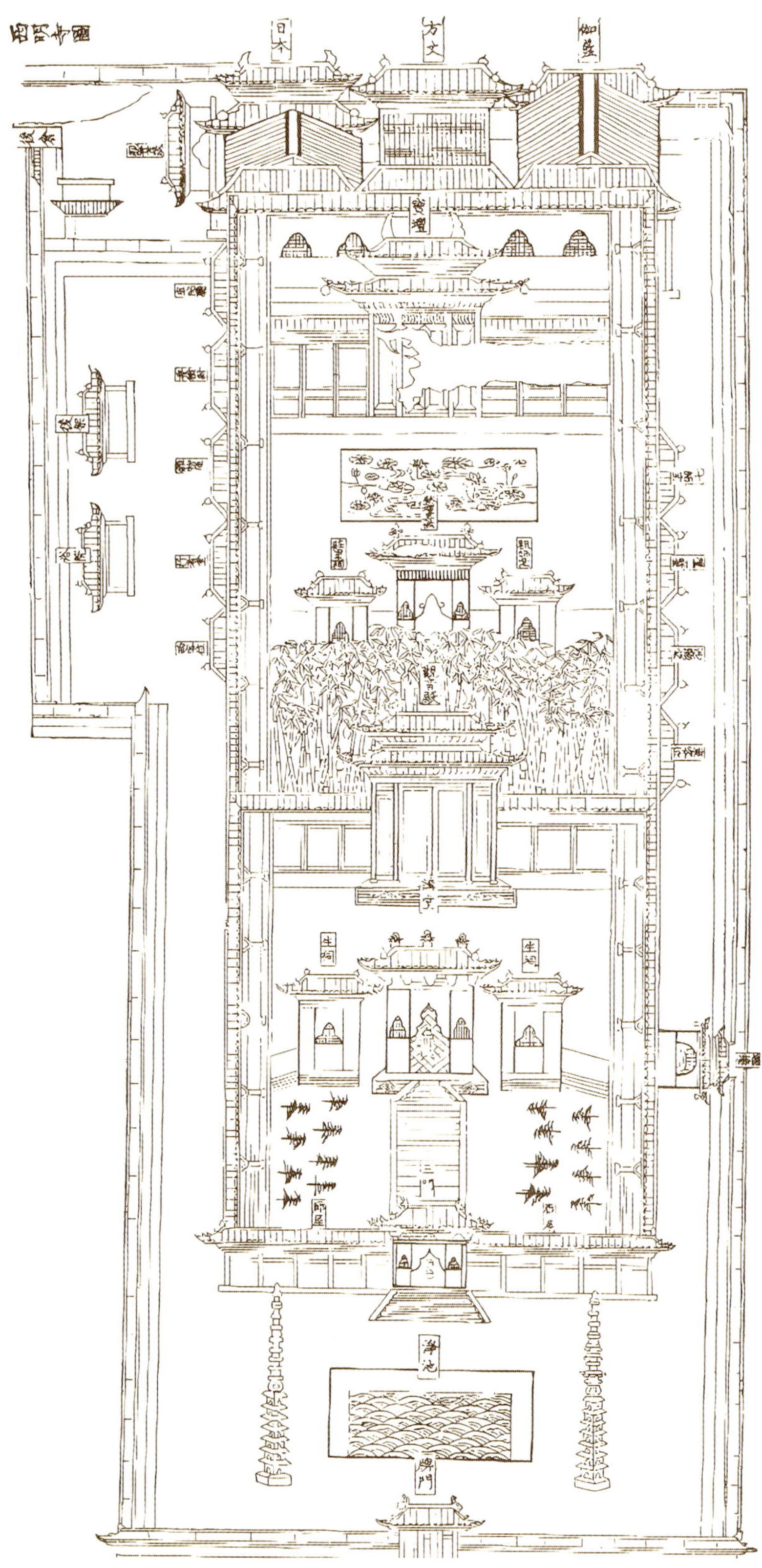

图 2-7　唐西明寺图

《弘法大师年谱（12 卷）》，卷三，高野山大学出版部，2006 年，第 18 页

图 2-8 西明寺遗址总平面图

作者依作者依中国社会科学院考古研究所:《青龙寺和西明寺》，文物出版社，2015 重绘

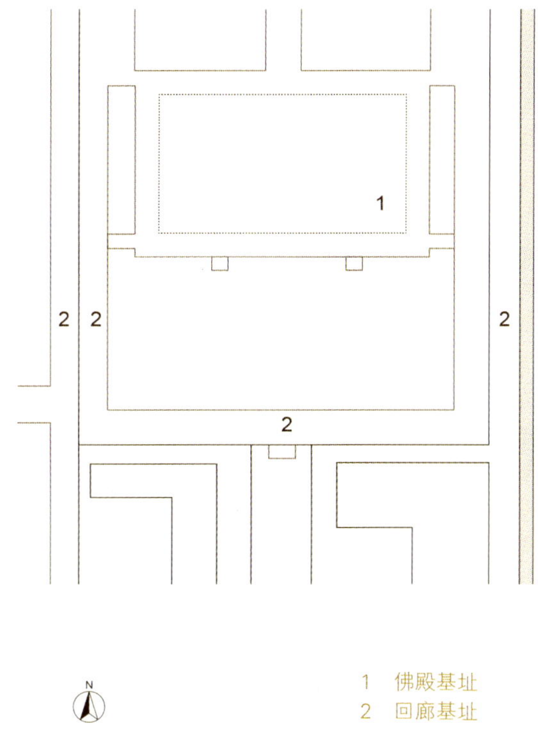

在天平元年（729）由日本圣武天皇建于平城京（今日本奈良）。平城京的城市布局仿照了长安、洛阳两城的里坊制城市布局。大安寺位于平城京东南隅，纵跨两个坊（图 2-9）。两坊间的道路自然成为大安寺南北分区的东西大道，寺院布局从而与城市结构相吻合。

从大安寺伽蓝绘图可见，大安寺以中院为核心，四周分布着功能各异的子院，且以东西大街进行南北分区。中院之前列有东西双塔，中院由南至北依次排列着南大门、中门、金堂、钟楼 / 经藏、讲堂、食堂、文殊堂。东西对称依次排布着推古天皇 / 圣德太子、东室 / 西室、食堂 / 浴室等。大安寺的遗址目前已探明部分复原图（图 2-10），结构与大安寺伽蓝绘图基本一致，中院南面东西各列双塔，中院为寺院核心，四周为子院。中院由南至北依次为南大门、金堂、讲堂、食堂。食堂位置与大安寺伽蓝绘图相比有较大出入。

唐以来，寺院布局基本离不开中院、子院、南北向轴线等关键词，原先以塔为中心的格局已逐渐被以殿堂为中心的格局所替代，与长安城、洛阳城层坊同构的寺院布局越趋常见，寺院院落结构、连廊交替更加错落丰富。其中一处

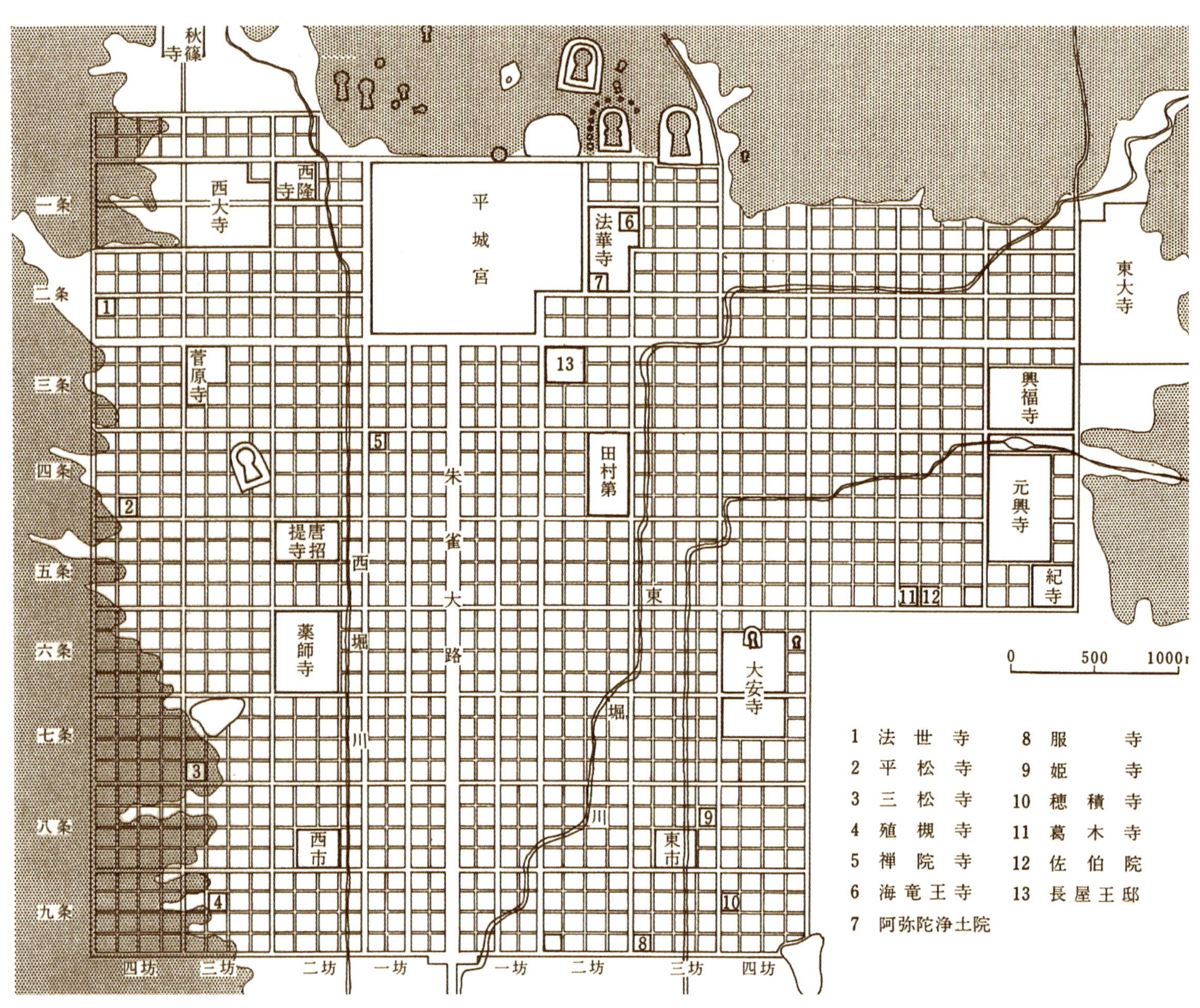

左：图 2-9　平城京大安寺所在位置

日本建筑学会编:《日本建筑史图集》，彰国社，2007 年，第 22 页，图 1

右：图 2-10　平城京大安寺遗址复原平面图

宿白:《试论唐代长安佛教寺院的等级问题》,《魏晋南北朝唐宋考古文稿辑丛》，文物出版社，2011 年

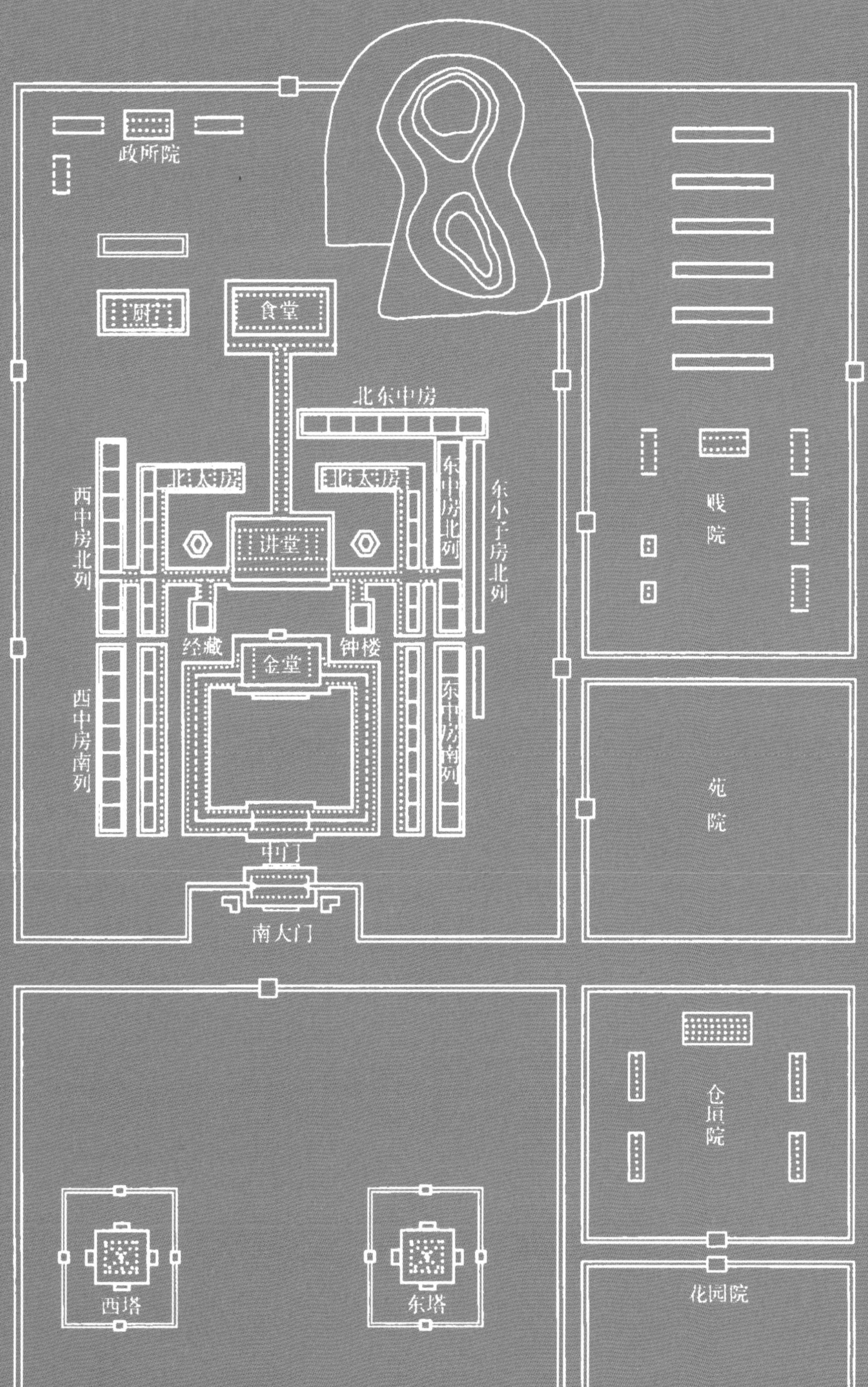

政所院
厨
食堂
北东中房
北太房
北太房
西中房北列
讲堂
东中房北列
东小子房北列
贱院
经藏
钟楼
金堂
西中房南列
东中房南列
苑院
中门
南大门
仓垣院
西塔
东塔
花园院

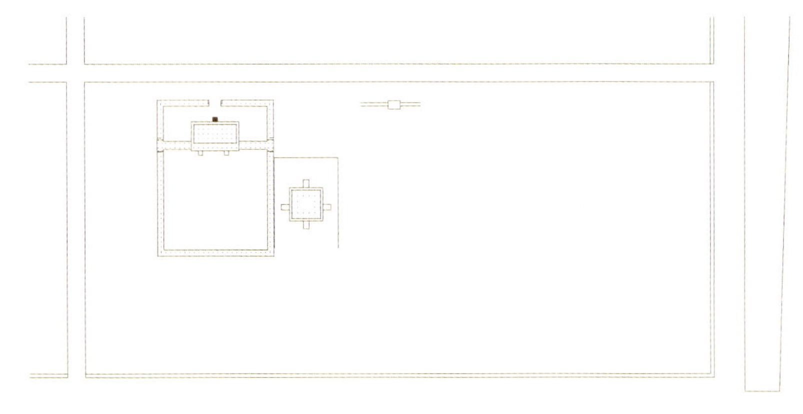

图 2-11　唐长安青龙寺遗址平面图

作者依马得志《唐长安青龙寺遗址》,《考古学报》1989 年第 2 期重绘

图 2-12　唐长安青龙寺复原模型

作者摄自西安青龙寺遗址博物馆

重要的考古实例为长安新昌坊的青龙寺。青龙寺位于长安城新昌坊南门之东，占据四分之一的坊地。整个寺院建在乐游原高地之上，东靠长安城墙，南临陡坡，占据形胜。该寺在隋代已经建立，称为灵感寺，唐代改为青龙寺，以代宗朝密教大师惠果驻锡而闻名，成为著名的密教道场。根据多位日本求法僧的记载，青龙寺中有东塔院、灌顶院等院落。目前青龙寺西北靠近坊内十字大街的一部分已经经过考古发掘，发现了两处院落（图 2-11）[①]。其中一处即是灌顶院，另外一处在隋代时建有佛塔与佛殿，是典型的前塔后殿布局。武宗灭佛时该院被完全拆毁，重建时仅仅修复了佛殿，而佛塔并未再建，因此变为一处以殿为主的院落。这一变化清楚地反映了从南北朝到唐代的佛寺中心布局变化。而根据这两处院落的大小，我们大概可以知道，在当时的青龙寺内，至少有六七处类似的院落存在，是一个典型的唐代多院落布局（图 2-12）。

① 马得志：《唐长安青龙寺遗址》,《考古学报》1989 年第 2 期。

第二节

杰阁雄峙

唐代的大型寺院，除了发展出类似城市布局的多院落特征以外，在中院最重要的变化就是大型楼阁式建筑的出现及其盛行。《寺经》中所描述的寺院中院，在轴线上从南至北分别是七重的大佛塔、大佛殿、第二大复殿、三重的极北重阁。《寺经》再现了初唐佛寺中院内高楼浮空、峻阁森列的场景，这种场景确实与魏晋时期佛塔独秀的建筑形象相去甚远。6 世纪初成书的《高僧传》中“阁”出现的频率远远少于 7 世纪中叶成书的《续高僧传》，这一点也从侧面见证了“阁”从梁初到唐初这一百多年内的勃兴。在盛唐的大型经变图中，往往有楼阁左右对峙于主佛殿的两侧，说明“阁”更取代单层佛殿成为寺院的中心建筑。及至中晚唐、五代时期，越来越多的经变图使用多层建筑作为中心佛殿。莫高窟第 61 窟那幅著名的描绘当时五台山佛寺群像的壁画中，单檐佛殿与多层佛殿在数量上可谓是平分秋色（图 2–13）[①]。

中古文献中有关佛寺营建多层供奉建筑“阁”的记录皆出自南朝。以东晋末建于庐山东林寺的陶侃瑞像阁而论，其时间上限大约可以推至 4 世纪晚期。这种“阁”乃是一类用于供奉西域天竺传来的佛舍利或瑞像等具有灵异感应的特殊圣物的“瑞像阁”，是典型的早期下层架空的重阁形式。若不论这种架空干栏式的“瑞像阁”，中国佛寺中第一座真正的多层楼阁大约在 6 世纪初出现在建康皇家苑囿华林园的内道场中。这座梁武帝创建的“峨峨重阁”，由上层的“重云殿”和下层的“兴光

① 据学者考订，莫高窟第 61 窟的《五台山图》大约绘制于后晋天福至开运年间，即 10 世纪 40 年代。

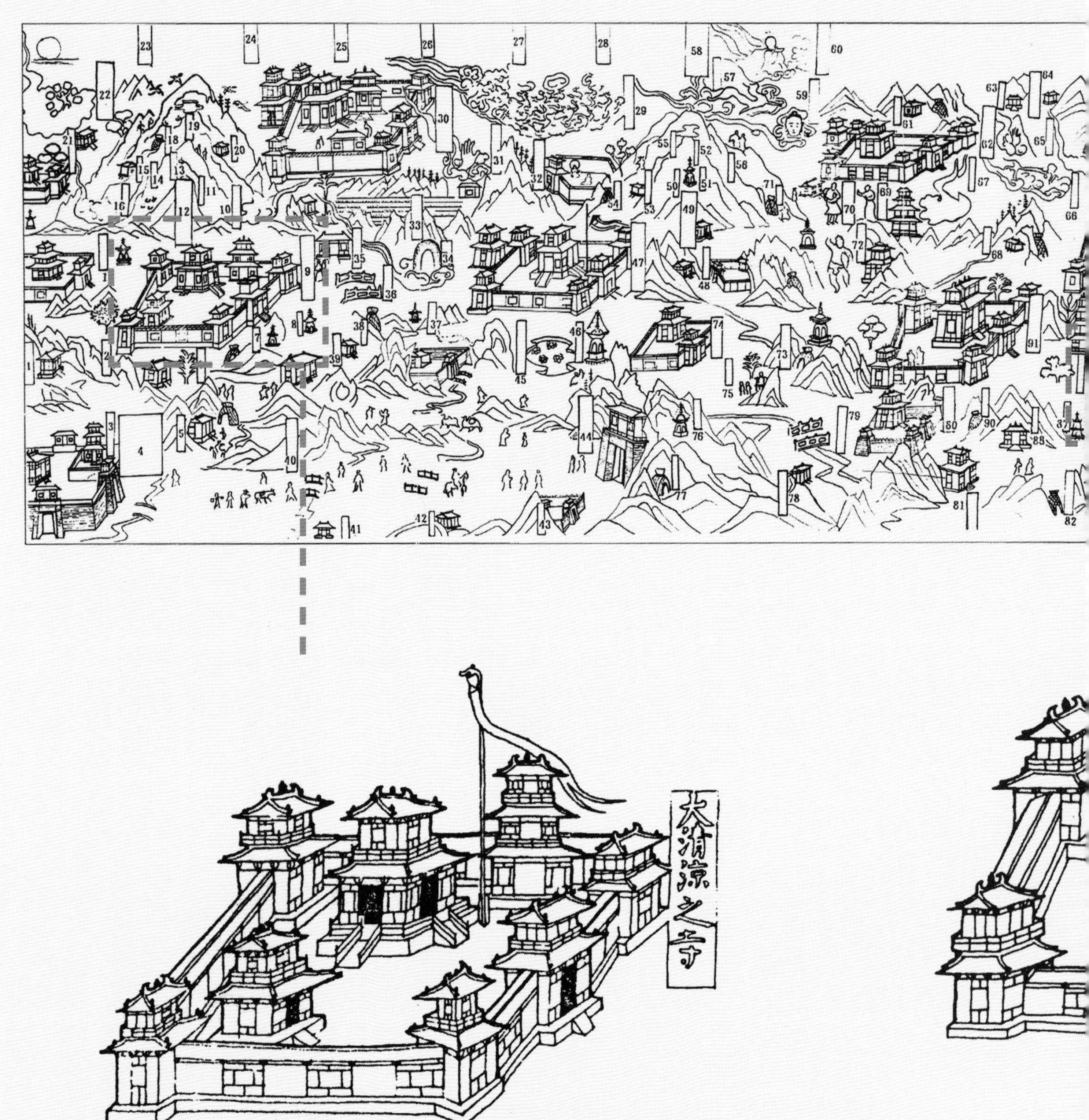

图 2-13　莫高窟第 61 窟《五台山图》中佛寺的重阁大殿

上：段文杰：《敦煌石窟艺术 · 莫高窟第六一窟（五代）》，江苏美术出版社，1995 年
下：萧默：《敦煌建筑研究》，机械工业出版社，2003 年

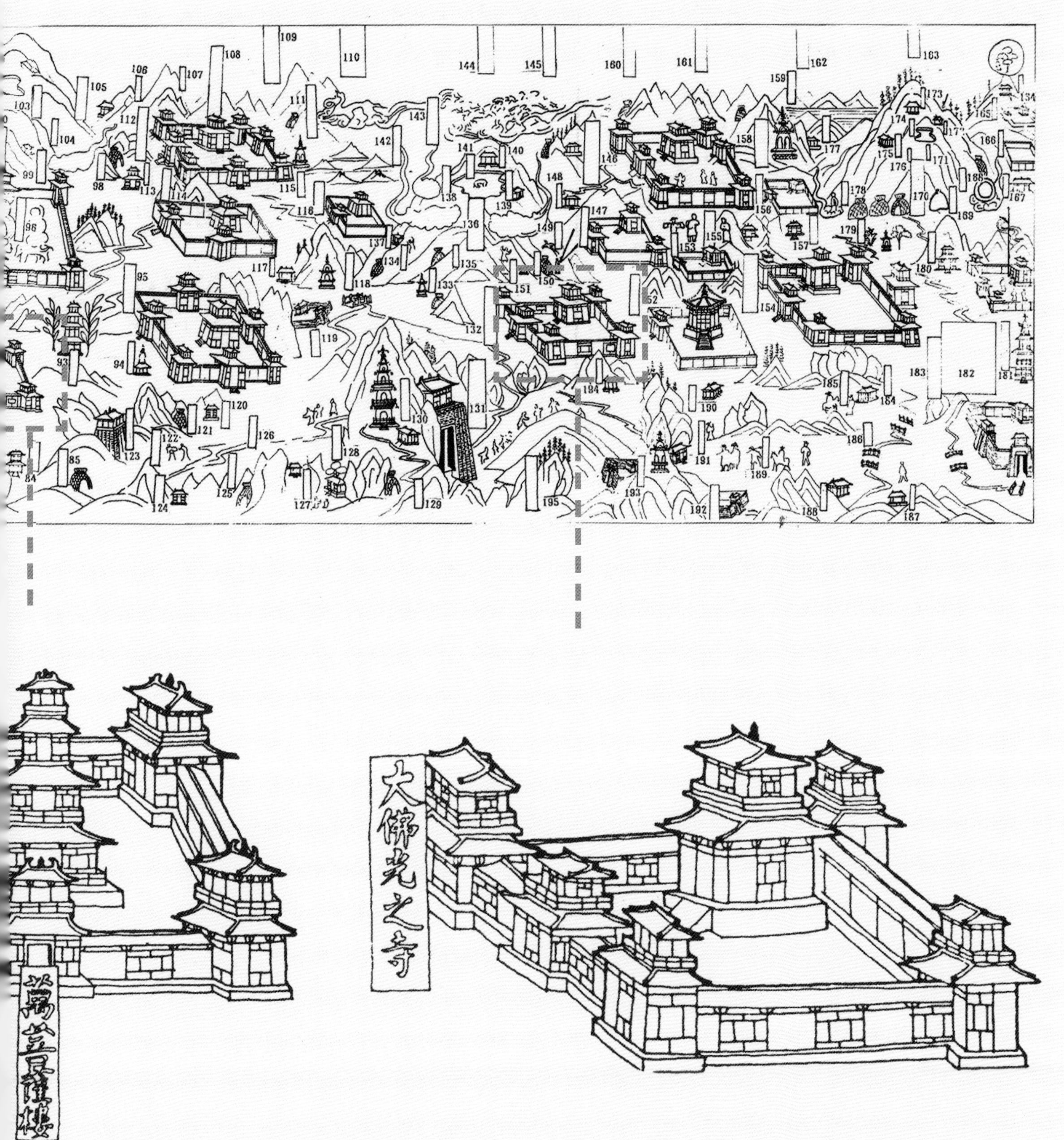
大佛光之寺
萬菩薩樓

殿”组成，是这位菩萨皇帝定期举行礼佛讲经的重要场所[1]。重阁讲堂的流行也促成其他寺院建筑，特别是少数佛殿开始追求与阁相似的高耸外观。《长安志》曾记载：长安地区宝刹寺中的一座北魏始建的佛殿“四面立柱，当中构虚。起两层阁，榱栋屈曲，为京城之奇妙”[2]。虽然我们无从得知这座佛殿是否具有真实的多层空间，但至少能确认其上层是以列柱撑起的重阁式结构。

而真正急速推动大楼阁成为寺院中心建筑的原因，则是来自由弥勒信仰和华严信仰引起的造立大佛的风潮。麦积山、敦煌、炳灵寺、天龙山等石窟中的唐代大佛皆以楼阁遮覆，而最为著名的乐山大佛则坐于高达十三重的楼阁之内[3]。中国的平地寺院中开始出现大像阁的时间也几乎与楼阁式大佛龛同时。从文献记载来看，隋文帝仁寿年间，高僧嘉祥吉藏在都城大兴曲池坊的天宝寺为一百尺的大弥勒像建立的弥勒阁是目前所见最早的大佛阁[4]。及至像教大兴的武周时期，天后武氏掀起了新一轮营建大像的风气，从长安、洛阳两京向各州郡辐射[5]。垂拱四年（688），武氏在东都洛阳起建五层的“天堂”以奉安“小指中犹容数十人”的夹纻大像。“天堂”焚后数年，唐中宗又建圣善寺阁以安置缩短后的天堂大像。据《尚书故实》引郑广文《圣善寺报慈阁大像记》云：“自顶至颐八十三尺，额珠以银铸成，虚中盛八石。”此像之巨可想而知。也是从武周时期开始，文献和图像材料中在佛寺主院正中建构重阁的记载变得常见起来。

研究中唐至晚唐的大型佛寺布局，所能依靠的材料除了五台山佛光寺东大殿及正定开元寺钟楼之外，主要是壁画及文献的记载。寺内不立佛塔的做法显然盛行于晚唐，《入唐求法巡礼行记》中记载的五台山诸寺，别院众多却罕见塔院。在实例及文献的记载里，山门－佛殿或佛阁－法堂的纵向排列是最普遍的形制，如五台山的佛光寺和扬州的灵居寺中院（图2-14）[6]。例外的是唐正定开元寺，它显示了佛殿正中钟楼和塔左右对称的布局，此布局可能是南北朝已有，但钟楼的建立则是继初唐《戒坛图经》出现钟楼后，唐中末期佛寺汉化之进一步发展。

---

① Chen, Jinhua, "'Pañcavārṣika' Assemblies in Liang Wudi's Buddhist Palace Chapel," *Harvard Journal of Asiatic Studies* 66, no. 1 (2006).

② 宋敏求《长安志·卷八》(1076)。[日]小野胜年：《中国隋唐长安寺院史料集成·史料篇》，法藏馆，1989，第66页。

③ 乐山大佛唐代称为嘉州凌云寺大弥勒石像，大像阁与佛一并建成于803年，宋称“天宁阁”。宋范成大《吴船录》记载：“寺有天宁阁，即大像所在。……唐开元中，浮屠海通始凿山为弥勒佛像以镇之。高三百六十尺，顶围十丈，目广二丈，为楼十三层。自头面以及其足，极天下佛像之大。”

④ 《续高僧传·卷十一》之《唐京师延兴寺释吉藏传》，以及宋敏求《长安志·卷八》之《曲池坊》。

⑤ 罗世平：《天堂法像——洛阳天堂大佛与唐代弥勒大佛样新识》，《世界宗教研究》2016年第2期。

⑥ 王媛：《〈全唐文〉中的唐代佛寺布局与装饰研究》，《华中建筑》2009年03期。

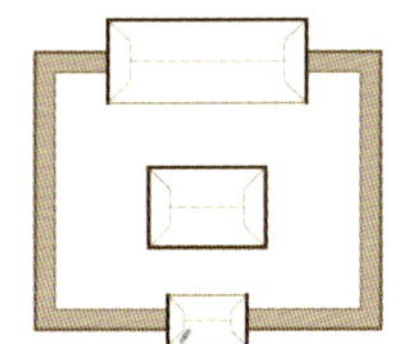

唐扬州・灵居寺中院
（依《大唐扬州六合县灵居寺碑》复原简图）
827年—836年

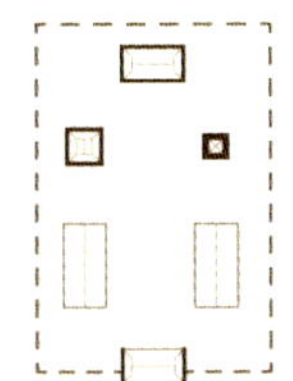

唐正定・开元寺
540年—898年

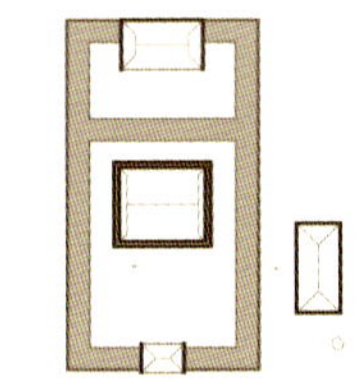

唐五台山・佛光寺
（依文献遗址推定复原）
857年

图 2-14　灵居寺、开元寺、佛光寺平面图

作者自绘

五台山图和佛光寺

莫高窟第 61 窟五代时期的《五台山图》，展现了晚唐五台山的大小 67 处佛寺，可以看出其中大的寺院都是方形平面，四周绕建回廊，山门佛殿、角楼、后殿多为重檐歇山顶二层、中无平坐之制的高阁式建筑。[①]而塔形建筑多位于寺外，并且多是单、双层的砖石小塔。

在《五台山图》中出现了中国建筑史上著名的佛光寺，假设这幅图在写实方面有一定的可信度，我们可以通过它对晚唐时期的中型佛寺做一些推测（图 2-15）。《五台山图》中出现的“大佛光之寺”，平面方形，南面正方形山门，周绕回廊，四角置角楼。寺正中重檐歇山顶二层高阁佛殿与现存大中十一年（857）宁公遇重修之单檐庑殿顶七间佛殿不同。从文献中得知，佛光寺当时是以“三基七间”的弥勒大佛阁而闻名的[②]，根据五代时期的敦煌卷子，弥勒大阁与现存的东大殿，以及可供五百人居住的常住院同时存在[③]。如果这个推论是正确的，则东大殿并非是在大阁的基础上重修而成，而是一直作为大阁东侧的佛殿存在的。由于东大殿处于高台上，背后为山崖，其他建筑不太可能再往后发展，因此整个佛寺在布局上似乎应是南北轴向的阁 – 法堂式的布局形制。

---

① 赵声良：《莫高窟第六一窟（五代）》，江苏美术出版社，1995 年，第 16—18 页。

② 《佛祖统纪・卷四十二》：“法兴……来寻圣迹，乐止林泉，隶名佛光寺……建三层七间弥勒大阁，高九十五尺。”

③ 斯坦因敦煌卷子《五台山行记》：“又到佛光寺，四十里。廿七日夜见云灯十八遍现，兼有大佛殿七间，中间三尊，两面文殊普贤菩萨。弥勒阁三层七间，七十二贤，万菩萨，十六罗汉。解脱和尚真身塔，锁子骨和尚塔，云是文殊、普贤化现。常住院大楼五间，上层是经藏，于下安众，日供僧五百余人。房廊殿宇，更有数院，功德佛事极多，难可具载。”又斯坦因敦煌卷子《印度普化大师游五台山启文》：“奔趋佛光寺，音乐喧天，幡花覆地，礼弥勒之大像，游涅槃之巨蓝。梵香解脱师前，圣贤虔礼于楼上，宿于常住。”

这和《五台山图》中出现的另一座“大法华之寺”的配置相似。

《五台山图》中，在佛光寺周围尚有好几个等级制度与之相若的佛寺（图 2–16），其中接近山门 – 佛殿 – 法堂布局的大法华之寺，平面方形，南面正方形山门，周绕回廊，四角置角楼，寺内偏西建佛殿，殿东为一小山，山下流出小溪，蜿蜒于山门佛殿之间，北面回廊的外面另起一殿堂，可能是《戒坛图经》所说的“后佛说法大殿”，即法堂。山门、角楼、佛殿和北廊外面的殿堂都是重檐歇山顶二层三间的高阁。除了大法华寺，《五台山图》中又有类似单塔布局的万菩萨楼，四周施回廊，角设角楼，正中之佛殿为四层重楼，楼两旁各侍坐六菩萨。此四层重楼与木塔相似，且菩萨又侍坐楼侧，因此此楼可能有塔的形式。塔在寺院正中，并且后面没有佛殿，最接近早期单塔佛寺的制度。由于《五台山图》描绘的是当时存留的而不是新建的佛寺，当然会有早期的单塔寺存在。还有甚为特殊的大清凉之寺，除了山门、回廊、角楼、佛殿之外，佛殿左侧起二层高阁一座，右侧起三层高阁一座。假如将右侧的高阁视作为塔的话，则相当类似日本法隆寺东塔西金堂的配置。

中唐之后的经变图中的寺院形制则呈现了多元的面貌（图 2–17）。有的例子里佛殿和阁毫无疑问地占据了佛寺的中心地位，而塔已逐渐被排除到了佛寺之外，或以小型舍利塔的形式出现。但是在另外一些例子中，塔继续作为佛寺的中心，以六角形的形象出现，可能是类似法隆寺东侧的八角形梦殿形式。这样的六角形的塔寺也在《五台山图》中出现过，显然不只是一种绘图的想象，也让我们思考这是否和两百多年后在辽代出现的八角形塔寺相关。

晚唐武宗会昌毁佛对于中国佛教是毁灭性的打击，佛教由极盛走向衰微，除了禅宗因不依文字、净土宗因信众广大而保留下来之外，其余宗派均断灭了传承。而在五代至北宋这一时期的佛寺发展方面，表现为因宗派间差异减

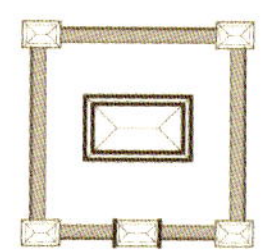

唐敦煌・第61窟《五台山图》
大佛光之寺
767年—907年

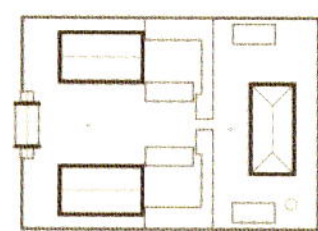

唐五台山・佛光寺
857年

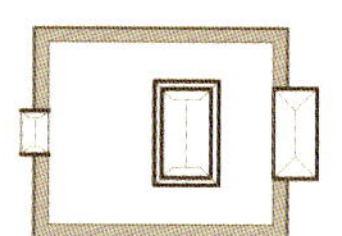

唐五台山・佛光寺
（依《中国建筑史》推定复原）
857年

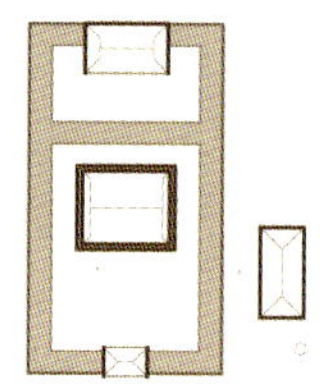

唐五台山・佛光寺
（依文献遗址推定复原）
857年

图 2–15　五台山佛光寺平面猜想图

作者自绘

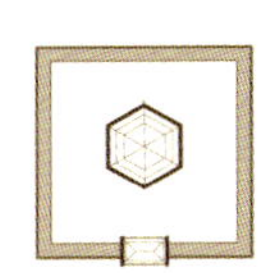
唐敦煌・第61窟《五台山图》
无名寺

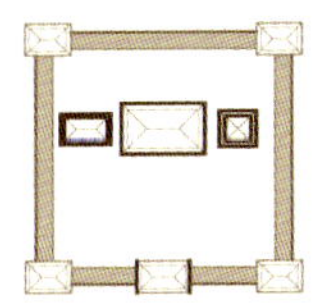
唐敦煌・第61窟《五台山图》
大清凉之寺

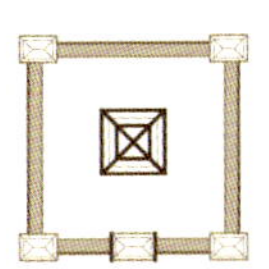
唐敦煌・第61窟《五台山图》
万菩萨楼

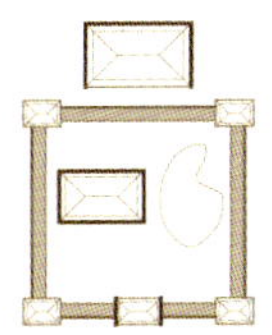
唐敦煌・第61窟《五台山图》
大法华之寺

图 2–16　敦煌第 61 窟《五台山图》中诸寺平面图

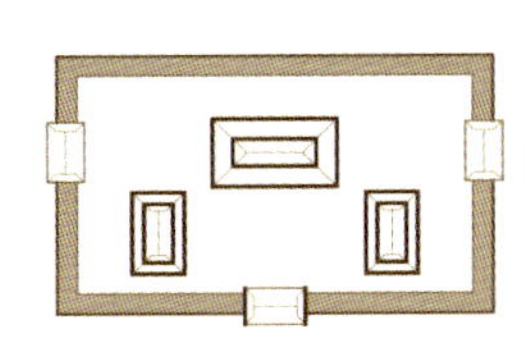
唐敦煌・第237窟天请问经变

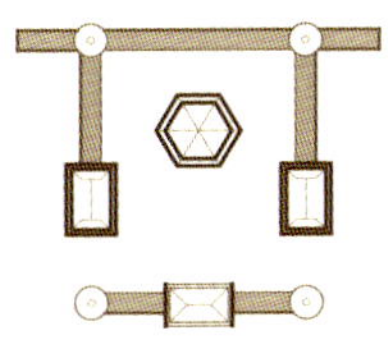
唐敦煌・第361窟药师经变

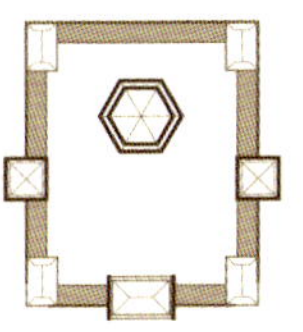
唐敦煌・第361窟阿弥陀经变

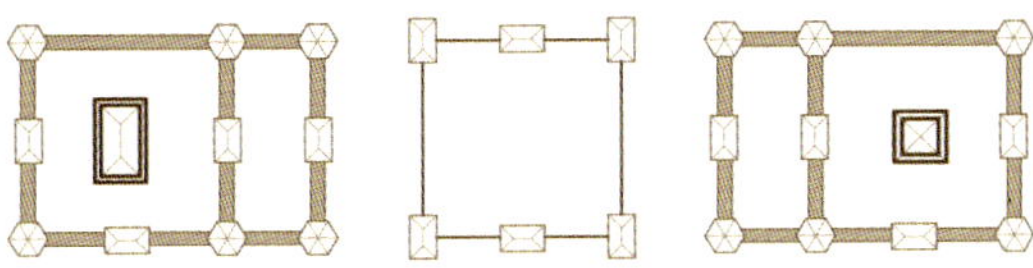
唐敦煌・第85窟弥勒经变

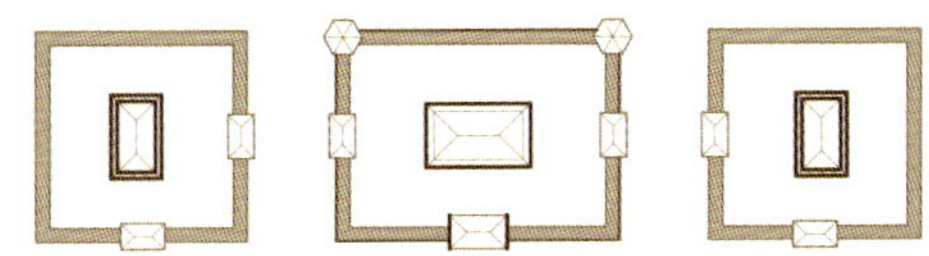
唐敦煌・第231窟弥勒经变

图 2–17　敦煌中晚唐经变图中出现的诸寺平面图

作者自绘

小而导致别院逐渐消失，佛寺形制继续向纵向宫殿式布局演进。由于辽金和北宋的佛寺实例较多，在这里将主要以现存的实例来探讨当时佛寺布局的特点，包括纵向的院落序列、院落回廊形式的式微、阁的发展及塔中心形式的复兴（图 2–18）。

在这一时期，佛殿和佛阁仍旧保持着在佛寺中的中心地位①，但在中轴线上出现了数个纵向的院落。相对佛殿来说，阁往往占据着重要的第一进院落的中心地位。在现存的例子中，除了大同

① 《山西通志》："华严寺……有南北阁，东西廊。"《大金国西京大华严寺重修薄伽藏教记》："至保大末年，伏遇本朝大开正统。天兵一鼓，都城四陷。殿阁楼观，俄而灰之。唯斋堂、厨库、宝塔、经藏、洎守司徒大师影堂存焉。……天眷三年闰六月间，则有……僧录通悟……等，乃仍其旧址，而时建九间、七间之殿，又构成慈氏、观音、降魔之阁，及会经、钟楼、三门、垛殿。不设期日，巍乎有成。……"

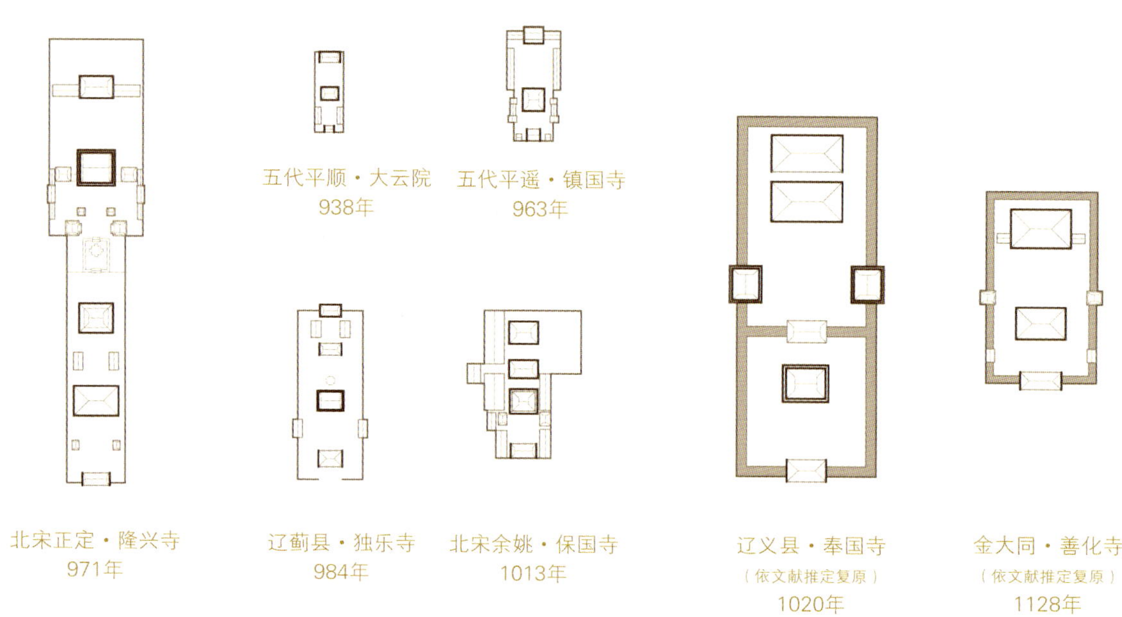

图 2–18　五代及宋辽金的佛寺平面图

作者自绘

善化寺没有阁之外，其余均是以阁为中心的纵向院落布局，包括五代时期的平遥镇国寺，北宋时期的正定隆兴寺和余姚保国寺、辽代的蓟县独乐寺和义县奉国寺。这种发展成熟的汉化佛寺原型以不同的方式强化整体和局部的对称与轴线，包括左右对称的钟鼓楼和藏经阁，或者次要的菩萨殿与楼阁，成为日后近千年由南到北佛寺配置的通则。

正定隆兴寺

隆兴寺位于河北省正定县城内，始建于隋开皇六年（586），初名龙藏寺，后改为龙兴寺，清康熙四十九年（1710）赐额隆兴寺并沿用至今。五代战乱时，寺中的观音铜像被拆毁，后由宋太祖赵匡胤亲自下诏，令重铸观音立像并树立高阁供奉。其后经宋、元、明、清历代皇帝敕令修缮，又在民国与新中国成立后多次重修，此寺院格局有所变化。

现存的隆兴寺主要建筑沿南北中轴线分布，由南向北依次有琉璃照壁、三路单孔石桥、天王殿、大觉六师殿遗址、摩尼殿、牌楼、戒坛、韦陀殿（迁建）、慈氏阁、转轮藏阁、康熙御碑亭、乾隆御碑亭、大悲阁、御书楼、集庆阁、弥陀殿、毗卢殿（图 2–19）。其中天王殿、摩尼殿、慈氏阁、转轮藏阁、为保留至今的宋代原构，主体建筑群亦基本保持着宋代布局的原貌，在为数不多的北宋建筑遗构中弥足珍贵。

图 2-19　正定隆兴寺总平面图

张秀生等:《正定隆兴寺》，文物出版社，2000 年，图一

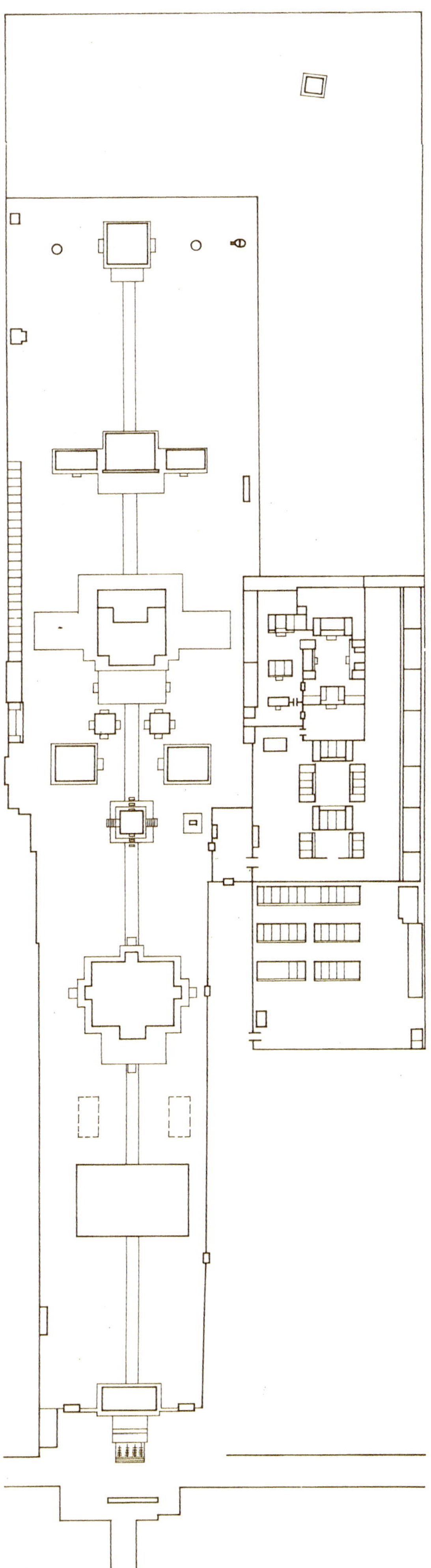

根据乾隆十三年（1748）绘制的隆兴寺总平面图，当时主要建筑集中布置在南北中轴线上，中轴线以外对称布置有东西廊僧舍、钟鼓楼、伽蓝殿与祖师殿，寺院西侧为皇帝行宫。中轴线上，南端有影壁、牌坊、石桥等前导性小建筑，进入寺院后分为四个主要建筑组群，第一组群依次排布天王殿、大觉六师殿、摩尼殿；穿过门殿后进入的第二组群为回廊围合而成的戒坛院；经韦陀殿出戒坛院后，大悲阁与两侧的御书楼、集庆阁，以及与之呈品字形对峙的慈氏阁、转轮藏阁构成第三组群；第四组群以弥陀殿为始，敬业殿、药师殿布置其后。

整体看来，隆兴寺在清代乾隆年间已呈现典型的纵轴式布局，然而其中包含的许多古老的伽蓝布局元素仍不容忽视。根据现存建筑物形制与文献资料，我们可以还原部分隆兴寺在宋代重建及以前的历史信息。

第一组群在中轴线最南端本应为山门的位置上，树立着名为天王殿的殿堂，现在内部供奉着大肚弥勒和四大天王。虽然在乾隆四十五年（1780）大修时增添了部分清式斗拱和装饰雕刻，天王殿的原有结构仍被认为与大悲阁同期创建于宋代。推测天王殿原本是作为寺院山门使用的，改为天王殿并供奉四大天王应在明代天王信仰兴起之后，是佛教世俗化的反映。天王殿后方的大觉六师殿已于民国初年坍塌，以遗址形式留存至今，大觉六师殿后的摩尼殿则基本保持了宋代原貌。

隆兴寺的历史中，最值得关注的是第二组群戒坛院的变迁。据寺史记载，戒坛旧名为舍利塔，且周围有游廊四十四间，推测隋时此处应为一座舍利塔，而回廊内应是经典的以塔为中心的中院空间。宋初开宝四年（971）为了供奉新铸造的观音大像，于“基北拆去九间讲堂”，树立起了佛香阁。由此我们可知，在供奉舍利塔的中院后方曾有九间规模的大讲堂，这进一步印证了中院回廊与院外讲堂配套的古老布局形式。讲堂在宋代被高阁所取代。据考证，舍利塔大约于元末明初时坍塌，明代在其旧址上设置了现存的戒坛，而中院依然保留了回廊形制直至清代。

构成第三组群的高阁群布局在规模上基本沿袭宋代创建寺院时的格局（图2–20），其中慈氏阁与转轮藏阁为宋代原构，虽大悲阁在1933年梁思成先生考察隆兴寺时屋顶坍塌、残破不堪，但仍保留了一部分宋代梁柱斗拱。现存大悲阁与两侧的御书楼、集庆阁均为1999年重修建筑。

一方面，宋代以后的隆兴寺在建筑序列的排布与院落空间的组织上，基本继承了内地佛寺自隋唐以来的功能分区明确、轴线清晰、殿阁错落富于空间感

图 2-20　隆兴寺中部建筑群

张秀生等:《正定隆兴寺》, 文物出版社, 2000 年, 图七八

染力的布局传统。另一方面，隆兴寺中佛殿、佛阁供奉主体的多样性，也恰恰反映了中国佛教寺院在发展过程中渐趋诸宗归一的特征。

除了上文谈及的平地佛寺外，巴蜀地区在唐宋时期还因地制宜地产生了摩崖大佛寺。这些佛寺以楼阁式摩崖佛殿为中心，充分利用陡峭的天然崖壁自然延伸，寺院其他建筑则选择在地势开阔的台地水平展开，各自利用地形优势，相得益彰[①]。这样与自然环境密切结合的寺院形式，自然不同于中原和华北地区的寺院布局。虽然四川和重庆境内的摩崖大佛寺多为清代重修，但由于寺内的大型石雕造像长久地保留了下来，使得历代修葺时大致保持了初建时的格局。因此，我们可以从现存的建筑去猜测其在唐宋时期的布局。此外，巴蜀地区的唐代摩崖造像中

① 郭璇:《巴蜀摩崖佛寺研究》, 重庆大学硕士学位论文, 2001 年, 第 11—20 页。

也出现了大量以楼阁为构图中心的佛寺布局（图 2–21），这也值得参考。

第一种常见的布局是以摩崖佛殿为中心的横向展开式，一般出现在地形陡峭、无法垂直于等高线方向组织建筑群时，著名的潼南大佛寺即是如此。大佛佛首始凿于唐咸通三年（862），至南宋绍兴二十一年（1151）全像凿成。大佛寺背靠陡峭的独云峰崖壁，面前平台狭窄，无法按照惯常的纵深布局展开主体建筑，由此将大佛殿、观音殿、玉皇殿三座大殿与鉴亭平行一字排列，每座建筑构成合院，互相连接，整体建筑群沿江横向展开。从对岸远眺佛寺，建筑高低错落而庄严有序，在后崖的衬托下形成丰富的轮廓线。

而当大佛寺仅有佛阁一处主体建筑或规模不大时，也会灵活运用纵深轴线的布置法，此时会顺应地形将层层建筑累叠而上，最终以摩崖佛阁结束，形成以摩崖佛阁为中心的院落式布局。如主殿为七檐佛阁的江津石门大佛寺，阁靠崖修建，其前地形陡峭，建筑布局因地借势，两边禅房分三阶向下叠落，在殿前围合成庭院，与山势十分契合。

当地形由不同标高的台地构成时，摩崖佛阁则会和其他殿宇分别修建，再以某种交通流线联系，形成分散的建筑群布局。如作为凌云寺核心的大弥勒石像（即乐山大佛）位于寺西面的崖壁，而凌云寺山门、正殿等其他建筑自成合院，通过寺外观音径和栈道与大佛相连。

图 2–21　邛崃磐陀寺唐代摩崖造像中的楼阁中心佛寺布局西方净土变

作者自摄

第三节

坛上伽蓝

在与室内同高的大像阁盛行之际，楼阁也因为能够产生重层的空间结构而被盛唐时兴起的密教选中，作为呈现其高度复杂而系统化的崇拜体系的建筑典范。这一传统由密教“开元三大士”之一的不空三藏创造。不空在五台山金阁寺与长安大兴善寺这两处密教中心分别建立大圣文殊阁，安置镇护国家的曼荼罗。其中五台山的文殊阁规模达九间三层，阁内第一层供文殊菩萨骑狮金像，第二层于板坛上列置金刚顶瑜伽五佛像，第三层供顶轮王瑜伽会五佛金像，内壁遍绘诸尊曼荼罗[①]。而大兴善寺翻经院中的另一座文殊阁则是两层五间，“下置文殊菩萨，上安梵夹之经”。底层除了供奉文殊外，也是举行密教持念仪式的道场，因此在功能上与五台山文殊阁也有相似之处[②]。不空首创的密教重阁殿随着求法的僧侣东传日本。天台宗僧侣圆仁为了感怀当年巡礼五台山时遇到文殊菩萨化现狮子的经历，在日本比叡山延历寺仿造大兴善寺文殊阁建成一座同样规模的五开间二重“文殊影向楼”，是平安时代寺院中罕见的多层建筑。延历寺文殊楼下层安置八尊文殊菩萨化现的各种形象，上层安置千部金光明经，阁内安置四僧修持护国密法，可见功能上也与大兴善寺文殊阁一致[③]。当前研究认为，奈良平安时代史料中的“楼”与中国南北朝时期的“阁”类似，是上下层之间不设屋檐、平坐柱直接落地的结构，但文殊楼比较特别，是兼具两重

① 五台山金阁寺记载来自《入唐求法巡礼行记·卷三·开成五年七月二日》。
② 李若水：《唐长安大兴善寺文殊阁营建工程复原研究》，见王贵祥主编：《中国建筑史论汇刊（第6辑）》，中国建筑工业出版社，2012年。
③ [日]圆仁著、小野胜年校注：《入唐求法巡礼行记校注》，花山文艺出版社，2007年，第294页。

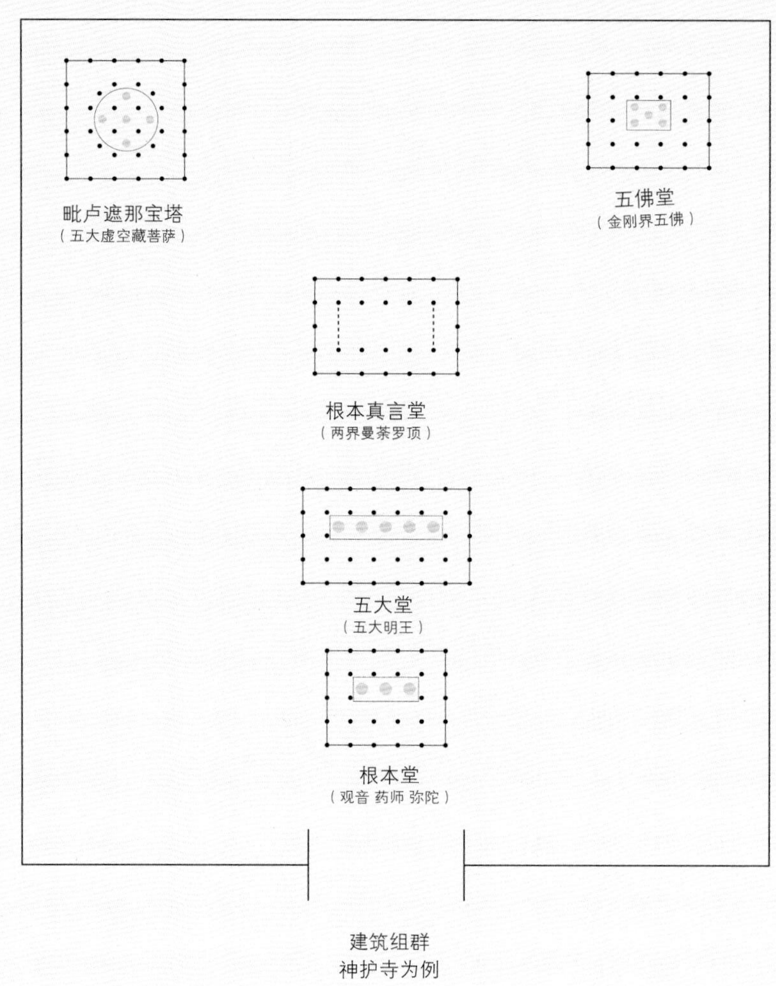

建筑组群
神护寺为例

屋檐和楼层的“二重之高楼”，因此其外观和结构当与唐代楼阁接近[①]。如今延历寺的文殊楼虽是江户时代的重建物，规模缩小到三间，功能也变为延历寺的山门，但也还保持着这一形式的遗意。

实际上，楼阁并非密教曼荼罗多重像设的唯一选择。平安时代早期，入唐求法归来的弘法大师空海规划过不少佛寺，其中完全可以找到通过建筑组群和单一殿堂空间去表达这一主题的实例。如在平安京神护寺中建“毗卢遮那宝塔”“五佛堂”与“五大堂”，分别供奉“五大虚空藏菩萨”“金刚界五佛”与“五大明王”，形成伽蓝布局层面上的金刚界，而同样的尊像配置则以横置一坛的方式出现在日本教王护国寺（东寺）的讲堂内[②]。与这两种模式相比，楼阁之所以能在不空三藏密教图像空间化的实践中被确立为展现立体曼荼罗诸尊配置的理想形式，是因为其能够通

---

① 海野聡：《“楼”建築の“見られる”“登れる”要素》，《日本建築学会計画系論文集 76》，2011 年。

② 神护寺在空海主持的期间（824—833）形成密教统御的伽蓝布局，相关研究见上野胜久：《平安初期神护寺の伽蓝构成とその配置》，《日本建筑学会论文报告集》，1987 年第 2 期。东寺讲堂的像设由空海设计，然而完成于他圆寂之后（839），研究见 Bogel, Cynthea J., “The Tōji Lecture Hall Statue Mandala and the Choreography of Mikkyō,” in *Esoteric Buddhism and the Tantras in East Asia*, ed. Orzech, Charles D., Sorensen, Henrik Hjort, and Payne, Richard Karl（Leidon; Boston: Brill, 2011）。

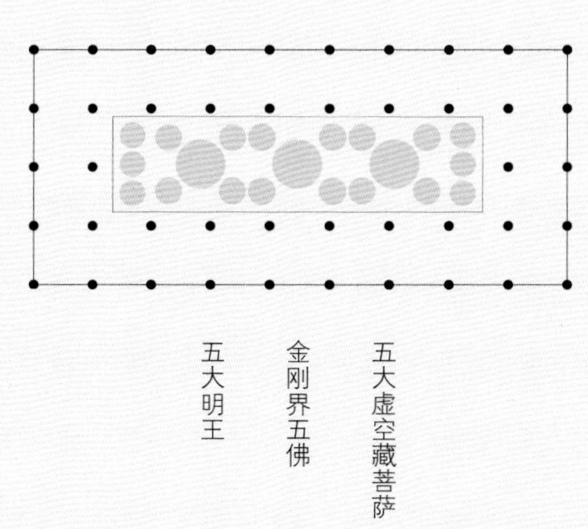

单层殿堂
东寺讲堂为例

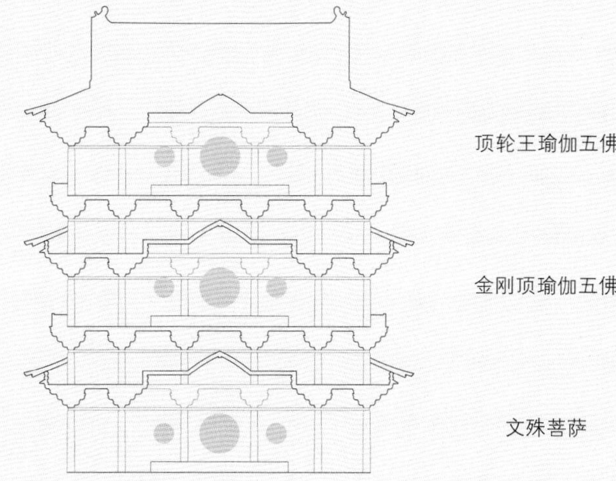

多层楼阁
五台山金阁寺文殊阁为例

图 2-22　唐代密教曼荼罗的三种排列方式

作者自绘

过垂直分层的空间格局明确地表达曼荼罗中各部族在事相、教理、修法、仪轨上的联系、次第和相互区别（图 2-22）。将诸尊分设于一座建筑内独立而连续的单位之中，如同法界宫殿的楼阁，既能建立起建筑组群难以达到的连续的空间体验，又能避免集于一堂时横向展开所带来的方位配置上的冲突。这种不同的优势在 11 世纪中期的辽佛宫寺释迦塔（应县木塔）中得到全面的继承和发展（图 2-23）。释迦塔在结构形式和平面布局方面与独乐寺观音阁并无二致，皆是平坐暗层与明层交替累迭、逐层施内外两圈柱网（除木塔底层更设副阶为三圈柱网）的殿阁造。唯其平面作正八边形，于明层之内槽自下而上地依次供奉着过去七佛、华严三圣、金刚界四佛、释迦三尊、佛顶尊胜一佛八菩萨，由是循序渐进地展现契丹皇室佛教经“华严显乘”

图 2-23 佛宫寺释迦塔剖面图

Laurence G. Liu, *Chinese Architecture*. London: Academy Editions, 1989, p.66

入"陀罗尼密乘"的学修次第[①]。与横长向平面的楼阁相比，释迦塔正八边形中心发散式的格局更加配合曼荼罗"四方"–"中央"的空间模型。

具有重层空间的楼阁除却作为密教主殿出现外，更广泛地是作为配殿出现在唐宋大型寺院中心建筑主轴的两侧，其中又以作为满足寺院基本功能的经藏和钟楼出现最为常见。前述隆兴寺的转轮藏阁就是典型的例子，而更早的实例则见于奈良法隆寺西院。在法隆寺金堂背后大讲堂的两侧，立有两层的经藏与钟楼，两者形制规模几乎完全一致，皆是面阔三间、进深两间的悬山顶建筑。其中经藏是 8 世纪中叶奈良时代的原物，钟楼则是在平安时代早期烧毁以后重建的。经藏和钟楼的上下层之间不设屋檐，下层柱相当于平坐柱抬起上层屋身，主要功能空间皆在上层，这些特征说明经藏和钟楼依旧保持着早期阁的特征，与同院落采用重楼殿形式的另一栋两层建筑——法隆寺金堂形成了鲜明的对比。不同的结构选型暗示了具有多重屋檐的重楼殿是早期寺院高等级建筑、单檐的阁则多是次要建筑的事实。法隆寺及隆兴寺还显示出，唐宋寺院的配楼（阁）虽然是重层的空间，但往往仅承载单一的功能。然而，随着佛教崇拜体系的系统化，重层的配阁有时也会兼具供奉尊像的用途。比如，隆兴寺转轮藏阁的上层功能虽然不明，但按照逻辑推理，如果没有功能的话不安设楼梯即可。因此上层在设计之初不可能是空置的。更能明确说明这一点的实例则是辽代的大同善化寺普贤阁。善化寺为创建于唐代、兴盛于辽金的大型官寺，其布局在保持唐代布局的基础上，展现了辽代独特的华严密教特点。作为配阁的普贤阁位于大殿与前殿的西侧，底层面宽三间，进深两间，上安平坐承托方三间的上层。由于底层砖墙的包砌，进深方向的开间变化难以察觉，整体宛如缩小的独乐寺观音阁。普贤阁的下层供奉普贤菩萨，上层在辽代则作为经藏使用。与之相对的文殊阁（已毁）则是钟楼和文殊殿的综合体。

---

① 罗昭：《应县木塔塑像的宗教崇拜体系》，中山大学艺术史研究中心编：《艺术史研究（第 12 辑）》，中山大学出版社，2010 年。

辽金大同善化寺

善化寺创建于唐开元年间，原名开元寺。据寺内金大定十六年（1176）《大金西京大普恩寺重修大殿碑记》记载："大金西都普恩寺，自古号为大兰若。辽末以来，再罹锋烬，楼阁飞为埃坋，堂殿聚为瓦砾，前日栋宇所仅存者，十不三四。"后经僧圆满重修，从金天会六年（1128）至金皇统三年（1143），历时十五载始成。"凡为大殿暨东西朵殿，罗汉洞，文殊、普贤阁，及前殿、大门、左右斜廊，合八十余楹，瓴甓变于埏埴，丹雘供其绘画。榱椽梁柱饰而不侈，阶序牖闼广而有容，为诸佛萨埵而天龙八部合爪掌围绕，皆选于名笔；为五百尊者而侍卫供献各有仪物，皆塑于善工。睟容庄穆，梵相奇古。"此次重修奠定了该寺的基础，后虽于明清两代又曾有过修缮，但未有大的改动。在明正统十年（1445）的一次修缮之后，寺名改为"善化寺"。

现存的善化寺主要建筑均位于一长宽比略为1.75∶1的院落之中，由南向北依次有山门、三圣殿、大雄宝殿（图2–24）。三圣殿位于整个院落中心稍偏南的位置，其与山门之间的两侧有配殿，与大雄宝殿之间的西侧矗立着普贤阁，东侧相应的位置上有民国早年被烧毁的文殊阁遗址。大雄宝殿两侧有朵殿，一并位于高台之上。将寺内现存建筑与金碑所记内容对照，在建筑样式上与普贤阁、三圣殿、山门有所差异，而与大同城内的华严寺所体现出的辽代建筑特点更为接近，故其应属于大定以前遗物，即"前日栋宇所仅存者，十不三四"中的幸存者。善化寺的普贤阁、三圣殿及山门皆为金代所建，斜廊、文殊阁、罗汉洞等均已无存。现存建筑还有朵殿和配殿，已属明代以后的样式。2008年，大同城开始进行明代古城重建，文殊阁在遗址上得到重建，寺院被回廊围绕，重新恢复完整的布局。作为主体建筑群基本保持辽金时代原貌的唯一佛寺，善化寺不仅体现辽金时代中国北方寺院的典型布局形式，而且其布局中传递出的唐代官寺多院落廊院的遗韵，更是了解中国佛寺布局从廊院式发展至纵轴式的极其珍贵的案例（图2–25）。

善化寺的前身开元寺是唐代云州的官寺，虽然它当时的布局未见于文献，但参考对唐代大同的城市里坊研究可以知道，开元寺的东侧临靠云州城的南北中轴大道，南侧的山门距离南城墙约50米，北端的大殿紧靠里坊的十字街。也就是说，如果善化寺的历史真如文献所记载，可以回溯到唐代云州开元寺的话，那么善化寺的位置即是云州城中轴大道南面西侧第一里坊处。同时，从寺内出土的辽代僧侣墓塔及陀罗尼经幢可以知道，辽代的大普恩寺除了主院以外，尚

图2-24 大同善化寺鸟瞰图

Laurence G. Liu, *Chinese Architecture*. London: Academy Editions, 1989, p.105

有观音院、清凉院、释迦院、高僧院、报恩院、奉恩院等多达六处的别院，而这些别院不太可能跨越现存寺院北端的里坊内十字路布置。也就是说，善化寺在辽代的总体布局保持着横向多院落的特征，这在已知的趋向于纵向安排院落的辽代佛寺中是极为少见的。因此，我们倾向于认为：如今的善化寺是在唐代占据半个里坊大小的云州官寺——开元寺的基础上建立的。

根据金大定碑的描述，对照该寺现状，可知这是一组由大殿和文殊、普贤二阁的院落组成的建筑群。碑文中有记载而现已不存的五百罗汉洞，根据对辽金建筑的最新研究发现，应该不同于宋代建造的特殊田字形的五百罗汉堂，因为辽代寺院中的罗汉洞一般位于主院两侧的廊房之中，形成一列的长向供奉空间。如大康八年（1082）的《四禅寺新修罗汉洞碑》记载："三门之左，旧有五百罗汉洞二十余间，岁久不葺，上雨旁风，圣象损缺。且不与寺之殿堂相向，僻在一隅，甚失崇奉之礼。……于是自左右

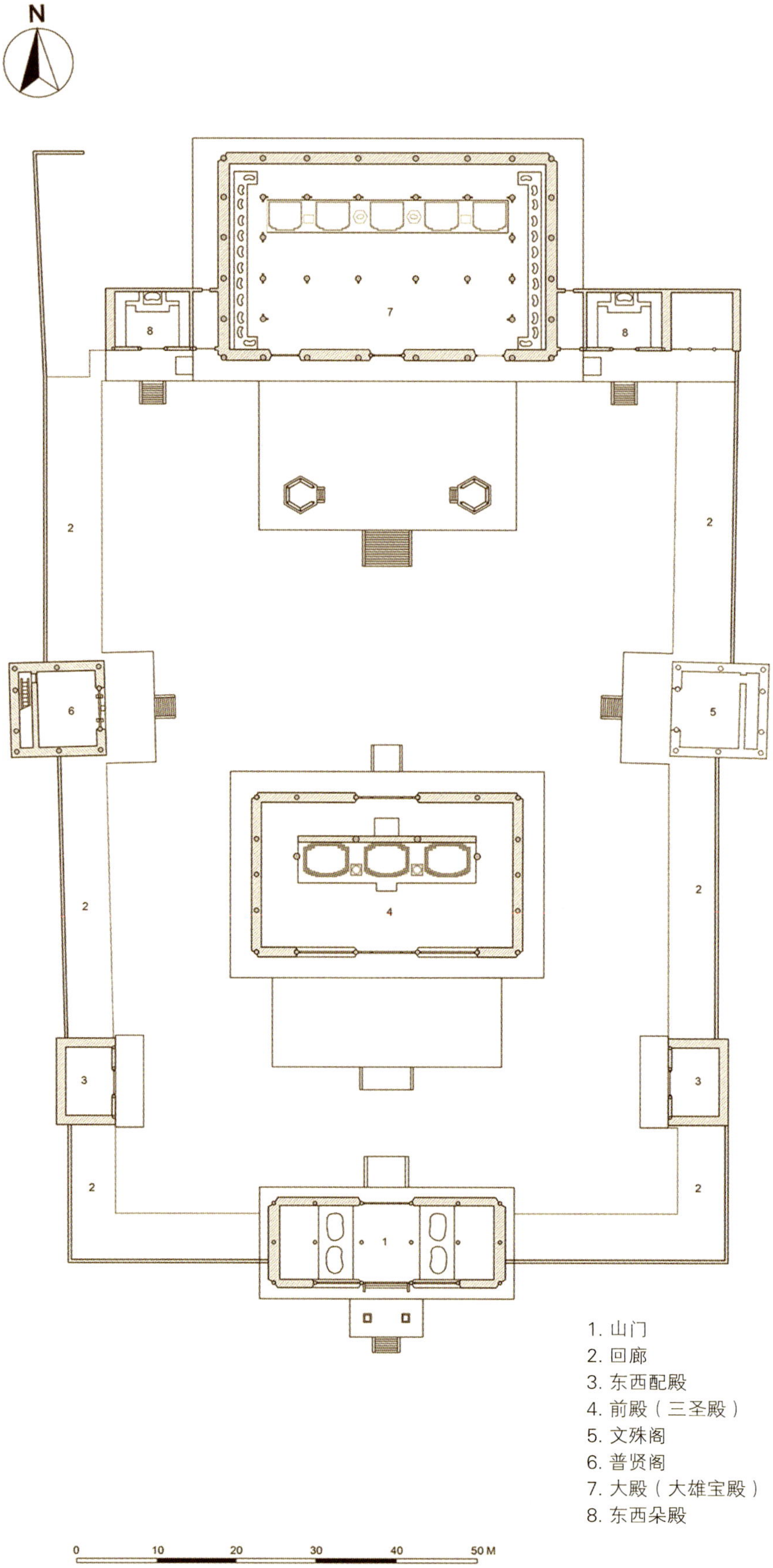
N
1
2
2
2
2
2
2
3
3
4
5
6
7
8
8
0
10
20
30
40
50 M

1. 山门
2. 回廊
3. 东西配殿
4. 前殿（三圣殿）
5. 文殊阁
6. 普贤阁
7. 大殿（大雄宝殿）
8. 东西朵殿

图 2-25 大同善化寺平面图

作者自绘

偏殿而南，起建洞房六十间，接于三门，于中安置半千尊者之象。外作行廊，廊下之柱，洞房之扉，皆以漆涂之。”而在义县奉国寺的整体布局中，“以佛殿前两庑为洞，塑一百二十贤圣于其中”，也是用于奉安尊像。这样一种特别的安排既不同于唐代回廊开放的空间，又不同于明清时期三至五开间侧殿的形式。它表明，在 11 至 12 世纪，北方辽金统治区域内的佛寺建筑在继承和保持唐代佛寺廊院外形的基础上，逐步失去主院内单中心的布局安排，而趋向于后世纵轴式布局。

这种布局发展的背后，是唐以后官寺不再承载国家行香斋戒等庭仪功能，横向分布、回廊围绕的宽阔中院的象征意义和仪式意义逐渐被正殿取代等大变化趋势。善化寺普贤阁、文殊阁与中轴线上两重庑殿顶大殿（三圣殿与大雄宝殿）所形成的像盛唐敦煌壁画中经变图那样的宏大建筑规模，在辽代被巧妙地借用来表达毗卢遮那佛、文殊菩萨、普贤菩萨这华严三圣圆融一体的佛教义理，变单中心为多中心。同时，佛事活动集中在中轴线佛殿前宽阔的月台及殿内举行，而三圣殿作为金大定碑中所说的“前殿”，与供奉密教五方佛的大殿在仪式上有密切联系，这更使得善化寺在辽金时代成为华严密教“显密圆通”道场内含与建筑布局完美契合的代表。

北京智化寺

在建筑布局中运用曼荼罗组织空间的方式，虽然在辽亡后随着密宗的衰落而在汉传佛教寺院中逐渐隐微，但明代时又出现在受藏传佛教影响的皇家贵族寺院中。此时的布局方式由于受各种宗教思想的综合影响，比之唐辽时期更为复杂而多元。建成于明英宗正统九年（1444）的北京智化寺即是一例（图 2–26）。智化寺由司礼监太监王振舍宅而成，坐北朝南，现存建筑主要包括四进。第一进沿中轴线依次为山门和智化门，东西两侧为钟、鼓二楼；第二进智化殿居中，东西两侧为大智殿和藏殿；后两进的庭院中央分别为如来殿和大悲堂。

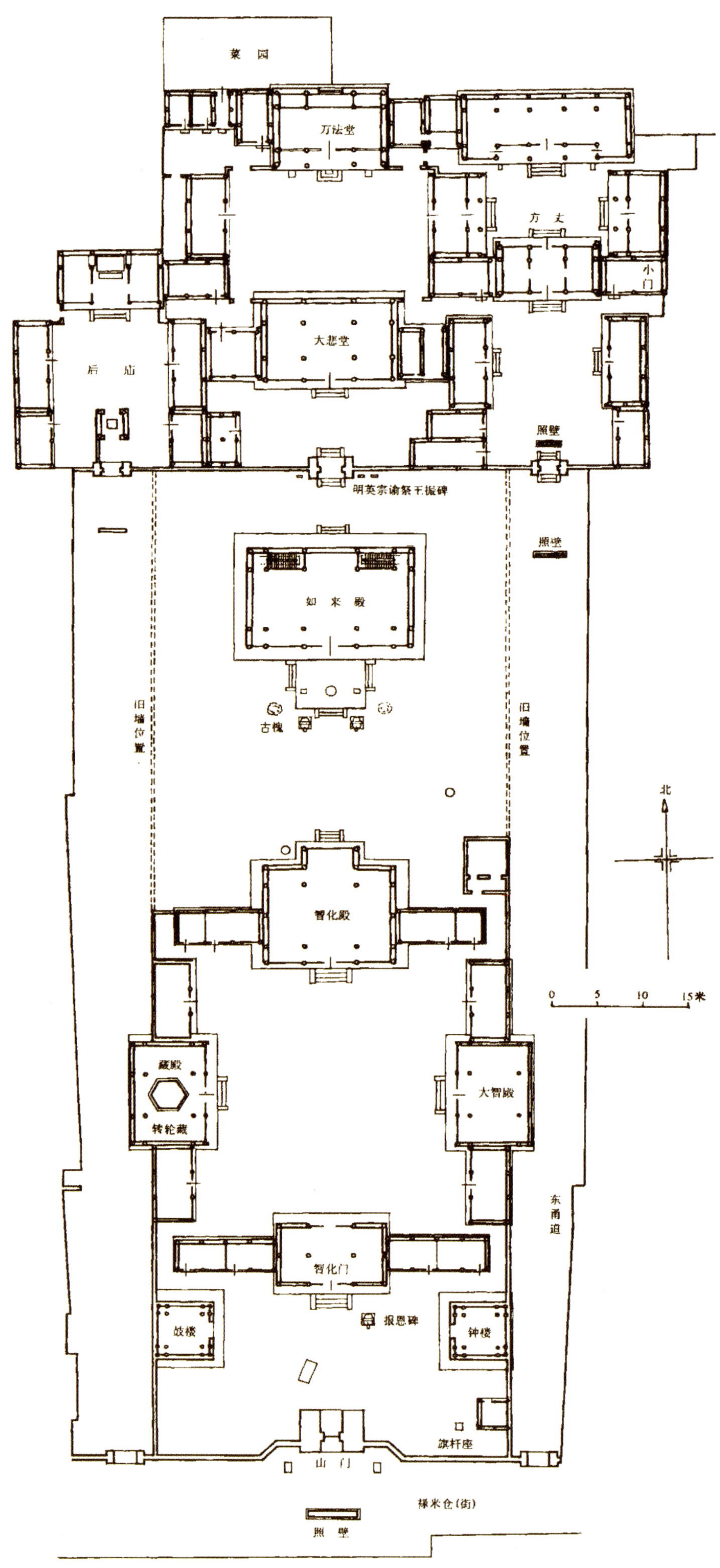
菜园
万法堂
方丈
小门
大悲堂
后庙
照壁
明英宗谕祭王振碑
照壁
如来殿
古槐
旧墙位置
旧墙位置
北
智化殿
0 5 10 15米
藏殿
转轮藏
大智殿
东甬道
智化门
报恩碑
鼓楼
钟楼
旗杆座
山门
禄米仓(街)
照壁

图 2-26 北京智化寺平面图

潘谷西主编:《中国古代建筑史·元明建筑》, 中国建筑工业出版社, 2009年, 图 6-29

智化寺的建筑和像设布局中所传达的整体空间构成，暗示设计者将三种不同经典的佛国净土交叠于一处，涵盖了《密严经》毗卢遮那之密严世界、《华严经》释迦牟尼之华藏世界，以及《观无量寿经》阿弥陀佛之净土世界①。这种三重佛国净土的构建分别以纵横两轴的如来殿和藏殿为核心。横轴大智殿和藏殿东西相对，主体为居中而设的八边形转轮藏，轮藏顶部安有毗卢佛一尊，八面经屉边框自上而下遍书梵文种子字，整体宛如示现坛场及诸尊形象的羯磨曼荼罗。每方经屉表面均刻有一尊释迦牟尼佛，以回应华藏世界中法身毗卢佛化现千释迦的场景。同时藏殿作为面东的西配殿，其位置也与密教经典中毗卢佛的位置对应，可见设计者以曼荼罗重新定义了横轴。

纵轴如来殿施庑殿顶，在建筑等级上高于其南面的智化殿。如来殿分上下两层，中尊分别为毗卢佛和释迦牟尼佛。首层造像两侧设有东西相对的两座经橱，平面均呈曲尺形，经屉上方亦饰有各类梵字。因此，在如来殿内部空间的塑造中，设在上层的毗卢佛与下层的释迦牟尼佛及经橱结合，实际上形成了与藏殿布局的同构关系，同样体现出净土塑造的主题。

由此可见，在智化寺的设计中，结构本体、造像、真言、咒牌、种子字等元素形成互相关联、互相依托的空间秩序，并通过纵横两轴核心殿宇的同构关系，充分阐释和强调了佛国曼荼罗的概念。通过这种秩序与关联，寺院神圣空间的宗教思想得到了清晰表达，建筑群亦被赋予了特定的空间意义，成为明代中期佛寺建筑体系化设计的重要证明。根据近年学者的研究可知，智化寺如同坛城的建筑设计，为明代早、中期一系列敕建佛寺所共有的特征，其中包括建于洪武、永乐年间的南京天界寺，以及始建于正统五年（1440）的四川平武报恩寺。与唐辽时代相比，曼荼罗意象的表达更重视各类元素的选择、组织及其针对空间的适应性调整，表现出多元文化的融合，并非对某一主题的单独呈现。如智化寺本身，在宗派上实际属于禅门临济一派。同时，内地佛寺的对称合院架构在曼荼罗的意象下依然得到尊重。

---

① 陈捷，张昕：《汉藏交融化净土——智化寺神圣空间的意义塑造》，《美术研究》2017 年第 1 期。

中国
佛教美学
典藏

第三章

宋元以降的佛寺

综述

具有鲜明个人修行特质的禅宗，自初唐六祖慧能时到中唐百丈怀海时，逐渐产生出适合其特殊修行方式的清规，带动与之相应的修行空间的出现。在禅宗大兴的两宋，以“五山十刹”为代表的禅寺成为全国最具有代表性的佛寺形态，并持续对东亚其他国家产生影响。禅宗修行对法堂、方丈的重视，以及发展出的整套禅门丛林法式，深刻影响了之后的佛寺。虽然完整的五山十刹今已不存，但可从文献、指图，以及受中国禅宗影响建立的日本禅宗佛寺推知当时中国佛寺的布局。

晚唐武宗灭佛以后，诸宗法脉逐步断绝，禅宗在内地佛教中独步，并在元明以后逐渐出现与净土信仰合流的趋势。这些变化渐渐影响了禅寺原本独特的形态，由是而起，不论是作为大寺的“十方丛林”，还是小庙的“子孙庙”，皆终趋向于一种纵长轴线、多进院落的统一格局。从元代起，以禅宗作为佛教中心的五山十刹渐趋衰微，代之而起的是佛教四大名山，它们逐渐成为僧侣信众朝拜的圣地。山寺通常由于地形的限制，强调与周边环境的结合，布局较平地佛寺灵活多变。此外，完整留存的明清山寺和翔实可考的僧团活动记录为研究寺院布局与寺院制度之间的关系提供了极佳的例证，如极为著名的律宗道场江苏宝华山隆昌寺。

第一节 五山十刹[①]

唐代是佛教黄金时期，出现了众多兴盛的宗派，但佛教寺院并没有明显地按照寺中僧人所属宗派而分设。因禅宗独特的修行模式，最初的禅僧多选择在山林洞窟独自修行，僧团结构相对松散，因而在晚唐武宗灭佛时，禅宗并没有受到严重的冲击，反而随后在两宋时期大盛。中唐时，洪州百丈怀海祖师为禅门制定了《丛林要则》，佛教史上称它为“百丈清规”。清规对禅宗的修行仪轨和行者威仪提出制度化的规定，其中特别指明禅宗佛寺，应“不立佛殿，唯树法堂者，表佛祖亲嘱，受当代为尊也”。这一特点，体现了禅宗重视代代由祖师传授的心法、视教法的领受重于礼佛行香等宗教仪式活动。此外，清规还提出，禅寺或禅院应该独立于其他寺院而单独存在，住持所居住的方丈室及僧人的僧房都是重要的修持空间；寺内要有专门的禅堂；为了寺众用餐，要有斋堂；为了禅僧起居，应有寮房。由此可见，百丈禅师心目中的理想禅寺，是一处抛弃了寻常礼仪功能、全然围绕禅修展开的纯粹僧人空间。而在禅宗之后的发展中，随着自身流行范围的不断扩大，百丈禅师激进的建寺理念逐渐与普通佛寺布局开始融合，禅寺在尽量保有原本特点的情况下，将佛殿等礼仪性空间纳入自身的体系，禅寺布局大约在两宋时期趋于成熟。

① 本节由哈尔滨工业大学（深圳）建筑学院副教授林晓钰撰写。

禅宗布局

按照日本流传的禅宗传统来看，禅宗佛寺的整体布局以七堂伽蓝或禅林七堂为基本形制（图 3–1）。禅宗各个流派所尊奉的七堂制度大同小异。根据曹洞宗的图谱，佛寺的中轴线上由前至后依次排列着山门、佛殿、法堂，并以左右跨院的形式将食堂、僧堂、浴室、东司各置左右。虽然这种所谓“七堂伽蓝”的寺院配置格局并没有在宋代经典化，然而它无疑概括了南宋五山十刹寺院中七种最为基本的的建筑形态。如作为寺院入口的山门、礼佛的佛殿、传法的法堂、僧众聚集禅修的僧堂、服务性的食堂、日常生活的浴室和东司。由此可见，日本的这种七堂伽蓝制度，正是在南宋禅寺建筑格局的影响下，加以简化归纳而成的禅宗寺院制度。从形态上看，两宋禅宗院落与唐代大寺的重重回廊院的做法不同，多数仅在山门至佛殿之间设置两庑或两廊，形成“翼廊舒展”的格局，并在佛殿之前建双阁对峙（转轮藏阁与慈氏阁，或钟楼与鼓楼）。

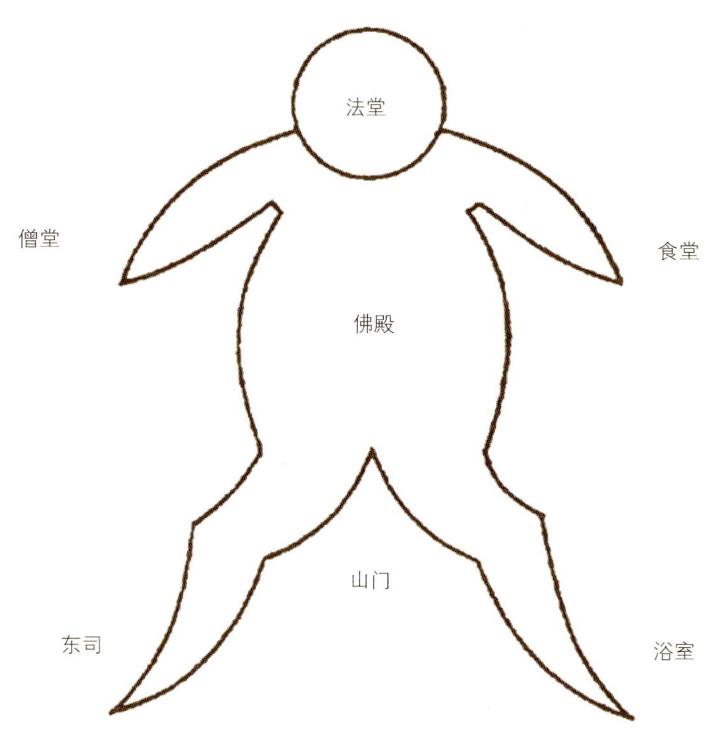

图 3–1　七堂伽蓝示意图

[日] 关口欣也：《五山と禅院》，小学馆，1991 年

五山十刹图

禅宗在北宋时已经是一家独大，所谓“天下禅宗如风偃草”，其中又尤以南方为重地。到了南宋，朝廷品定规模最大、名望最盛的五大禅寺和十大次禅寺为五山十刹，并以五山十刹为中枢，形成官寺体系。所谓五山十刹，本是仿效释迦牟尼曾安居过的鹿野苑、祇洹、竹林、大林、那烂陀等五座著名精舍，以及其涅槃后放置其舍利的顶塔、牙塔、齿塔、发塔、爪塔、衣塔、钵塔、锡塔、瓶塔、盥塔等十塔而来。其中五山寺格最高，其次为十刹。元代沿用南宋官寺制度，而增设“五山之上”①，并在十刹之下增设三十六甲刹②。

具体来讲，南宋时期由朝廷品定的五山为：临安径山寺、灵隐寺、净慈寺，以及明州天童寺和阿育王寺；十刹为：临安永祚寺、湖州护圣万寿寺、建康太平兴国寺、平江报恩光孝寺、明州资圣寺、温州龙翔寺、福州崇圣寺、婺州宝林寺、平江云岩寺、台州国清教忠寺（表 3–1）。

元代寺格变迁，元文宗时期增设“五山之上”这一最高等级寺格，将原居

表3–1　南宋五山十刹名录

五山	十刹
第一径山 · 兴圣万寿禅寺（径山寺）	杭州中天竺寺（永祚寺）
	宁波奉化雪窦山（资圣寺）
第二北山 · 景德灵隐禅寺（灵隐寺）	台州天台国清寺（国清教忠寺）
	温州江心寺（龙翔寺）
第三太白山 · 天童景德禅寺（天童寺）	湖州道场山（护圣万寿寺）
	金华双林寺（宝林寺）
第四南山 · 净慈报恩光孝禅寺（净慈寺）	苏州万寿山报恩光孝禅寺（报恩光孝寺）
	苏州虎丘云岩寺（云岩寺）
第五阿育王山 · 广利禅寺（阿育王寺）	南京蒋山太平兴国禅寺（太平兴国寺）
	福州雪峰山（崇圣寺）

① 五山之上：颁给以元文宗的潜邸所改建的金陵大龙翔集庆寺。
② 元代甲刹数量据日本《释门事始考》记载为三十六座。

于甲刹第二位的金陵（今南京）大龙翔集庆寺迁升至五山以上，成为唯一的最高寺格，元代之五山、十刹、甲刹则依次递减，成为第二、三、四品之寺格。

南宋时期，日本处于镰仓幕府统治下，这一时期中日禅僧开始交流，中国的五山十刹成为入宋参学的日本禅僧挂锡的祖庭。日本禅宗的确立是以土御门天皇建仁二年（1202）建立建仁寺为标志，到了延元、兴国年间（1336—1345），日本也确立了自己的五山制度，即京都之天龙、相国、建仁、东福、万寿五寺。为了将中国的禅宗制度和寺院建筑形式带回日本从而设立日本的禅宗制度，渡宋日僧摹画五山十刹图卷，对南宋时期的江南禅寺做全面详尽的图纸测绘和记录，包括寺院布局、建筑样式、修习清规制度及日常起居方式等。各种五山十刹图卷在日本被秘密地传录誊抄，有多种版本流传至今。其中最重要的两种为金泽大乘寺《五山十刹图》和京都东福寺《大宋诸山图》。图录所录之寺院，以临安灵隐寺、明州天童寺及台州万年寺的伽蓝配置最为显要。灵隐与天童二寺分居五山第二、第三位，重要性显而易见。天台古刹万年寺由于被奉为日本禅宗祖庭，故虽未被列入五山十刹，于图录中亦十分显要。

杭州灵隐寺

灵隐寺位于杭州市灵隐山山麓，始建于东晋咸和元年（326），为僧人慧理所建，自五代十国时期的吴越国开始真正兴盛。根据《灵隐寺志》的记载，初唐以前灵隐寺的布局并无佛殿，但三门、方丈、僧堂和廊庑与百丈清规中的要求有类似之处。在唐末五代高僧永明延寿的努力下，“重为开拓殿宇，与觉皇之旧殿后为千佛阁，最后为法堂，以东空建百尺弥勒阁”，灵隐寺开始出现供佛建筑的身影。灵隐寺在南宋时被列为五山第二位，是临济宗的代表性寺庙之一。按《五山十刹图》所示，南宋灵隐寺为标准的七堂伽蓝配置：中轴线上由南至北排列有山门、佛殿、卢遮那殿、法堂、前方丈、方丈、坐禅室，库院与僧堂对置于佛殿东西两侧，钟楼与轮藏位于佛殿与山门之间的东西两侧。此外，寺院东侧还配置有选僧堂、众寮、水陆院、宣明等，西侧配置有旃檀林、经堂及东司、洗面处等。（图 0–7）

宁波天童寺

天童寺位于浙江宁波太白山山麓，始建于西晋永康元年（300），唐开元二十年（734）重建，南宋时位列五山的第三位。天童寺为曹洞宗发展中后期的代表性寺院，对日本禅宗寺院布局的影响很大，被日本曹洞宗奉为祖庭。其布局形式在《五山十刹图》中有简单的图示，同时日本曹洞宗的一些寺院根据它的布局形式进行了建设。

《五山十刹图》中的宋代天童寺为南宋山林禅院的典型布局（图 3–2），寺建于山林间，利用天然地形布置寺院建筑，入寺院前需经过“二十里松径”。寺院中轴线上，由南至北排列有山门、佛殿、法堂、寂光堂、大光明藏、方丈。库院与僧堂对置于佛殿东西两侧，钟楼与观音阁列于山门左右。寺院东侧配置有选僧堂、众寮及水陆堂等，西侧则配置有轮藏、经藏、看经堂、宣明、东司等。此外，根据《天童寺志》的记载，当时寺内还有蒙堂阁、临云轩、春乐亭、宿鹭（阁）、廊庑、云章阁等建筑。虽然自宋代起已经重修多次，如今的天童寺依旧保持着禅寺的基本特色。如中轴线上排列着三门、天王殿、佛殿、法堂（上为藏经阁）、方丈以及西侧的大禅堂，这些布局模式无疑是南宋时期的遗韵。

此外，天童寺的山门也体现出禅宗佛寺的特色，即以巨大的重阁代替寻常佛寺小体量的山门。此是南北朝以来的山门古制，可能也与“入山”的概念在禅宗有特别重要的意义相关。根据南宋楼钥《天童山千佛阁记》与元代王蒙的《太白山图》（图 3–3）及《五山十刹图》中的平面来看，天童寺的山门是宽阔七间、进深三间、高三层的巨构。

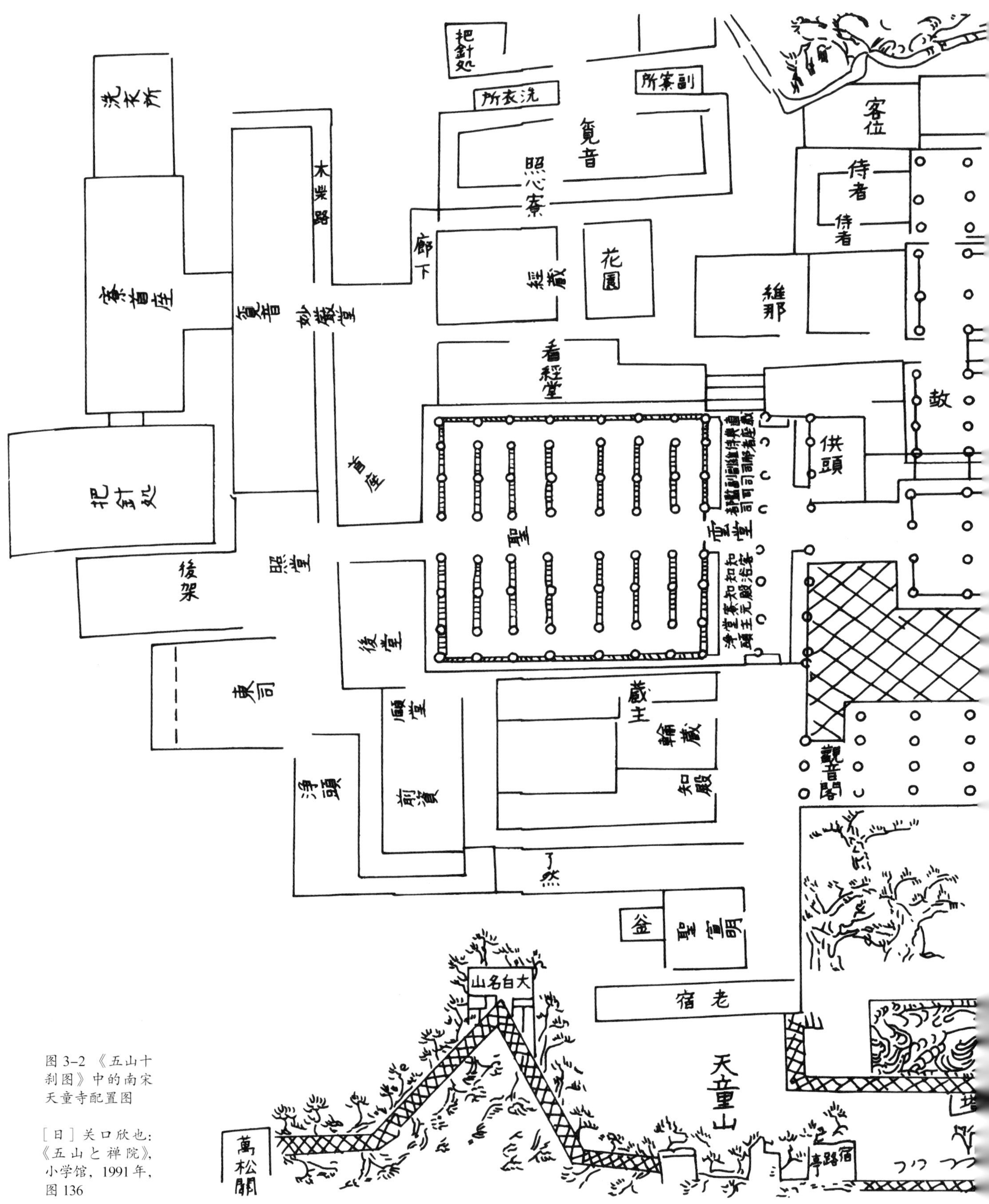

图 3-2 《五山十刹图》中的南宋天童寺配置图

[日] 关口欣也:《五山と禅院》,小学馆,1991 年,图 136

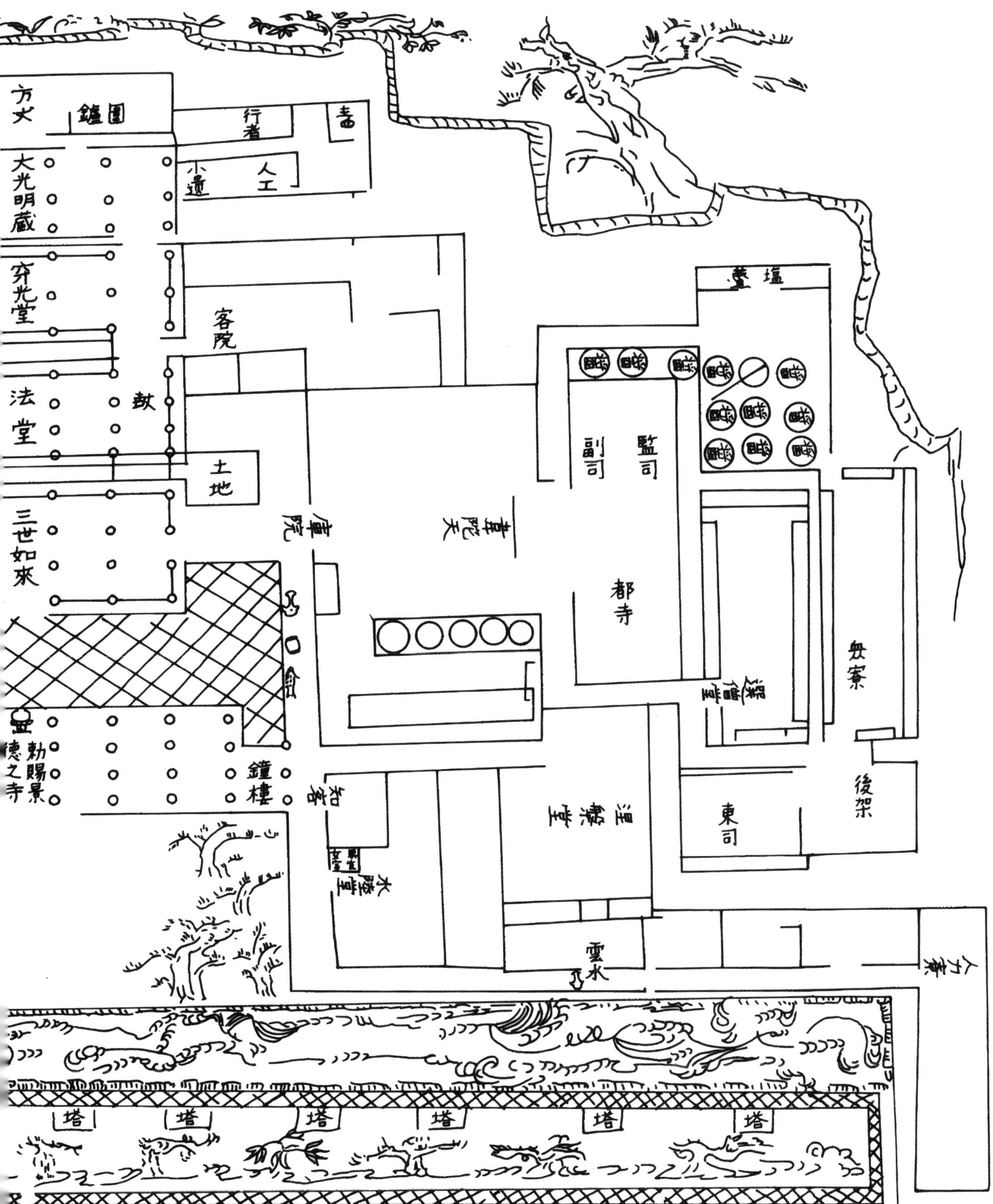

方丈
鐘圍
行者
小遺
人工
大光明藏
穷光堂
客院
法堂
鼓
土地
三世如來
庫院
韋天
副司
監司
都寺
鐘樓
知客
湼槃堂
東司
後架
衆寮
雲水

图 3-3　元代王蒙《太白山图》中的天童寺

辽宁省博物馆藏

图 3-4　镰仓建长寺俯瞰图

［日］伊藤延男编：《日本の美術：禅宗建築》，至文堂，1976 年，第 38 图

日本镰仓建长寺

镰仓建长寺为临济宗建长寺派的总寺院，亦为镰仓五山之首。南宋时期，日本僧侣入宋学禅者众，而宋僧渡日居留及归化者亦不少。兰溪道隆于宋理宗淳祐六年（1246）渡日传授禅法，于后深草天皇建长五年（1253）在镰仓设立建长寺。初创时的建筑物已被毁于火灾，现在的建筑物是在江户时代之后重新修建或移建而成。寺院基本保留了禅宗伽蓝七堂的平面布局特征，总门、三门、佛殿、法堂、方丈等布置在中轴线上，厨库、浴室居东，僧堂、东司居西，以回廊外接（图 3-4、图 3-5）。寺院沿中轴线的纵深方向布置，左右对称，空间布局围绕禅僧生活展开。

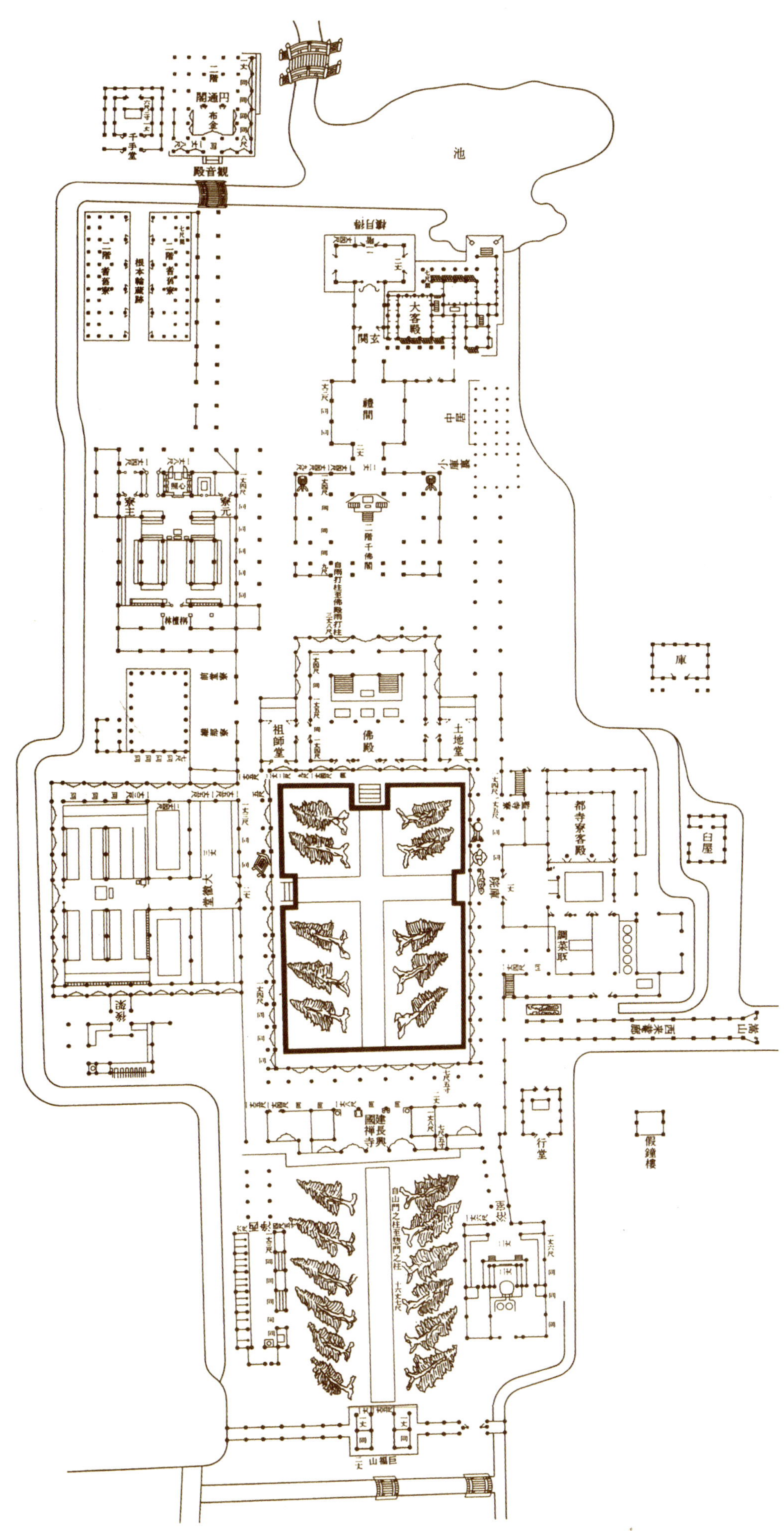

图 3-5　镰仓建长寺平面图

［日］关口欣也：《五山と禅院》，小学馆，1991 年，图 171

黄檗山万福禅寺与京都万福寺

中国禅宗佛寺建筑对日本最后一次产生重大影响，是在明末清初临济黄檗宗高僧隐元法师东渡之后。隐元及其弟子在京都和长崎、广岛等地按照黄檗宗福建祖庭万福寺的形式修建了数座禅寺，较为忠实地保留了明末禅寺的形态。

如今的黄檗山万福禅寺已非昔日的形态，然而其明代时的布局可在隐元编撰的《黄檗山寺志》中找到详细记载："……自本山落脉而下为法堂，次为大雄宝殿，殿之前有放生池，池边石桥二门，其东为香积厨，西为转轮藏。前有小溪自天柱、石门来，远五里许，绕寺而东，上有拱桥跨岸而过。更百余丈为天王殿，殿而下为甬道，长可七十余丈，即三门，门左右有伽蓝、祖师二堂及十方寮舍。"

上述文字详细地记载了明代黄檗山禅寺的布局情况，明确了当时黄檗山禅寺建筑功能分布情况，包括大雄宝殿、法堂、香积厨、轮藏殿、天王殿、三门、伽蓝堂、祖师堂及相关寮舍等。而从隐元法师在京都修建的同名寺院中，我们可以看到几乎一致的空间序列。京都万福寺背靠妙高峰与五云峰，寺院主建筑呈中轴线排列，依次为天王殿、大雄宝殿、法堂、威德殿，两边各有钟楼、鼓楼（图 3–6、图 3–7）。此外，值得注意的是，京都万福寺还较现存其他更早修建的日本禅寺更具中国特色，这在于万福寺中天王殿的设立和廊庑的使用。

图 3–6　京都宇治万福寺俯瞰图

［日］伊藤延男编：《日本の美術：禅宗建築》，至文堂，1976 年，第 51 图

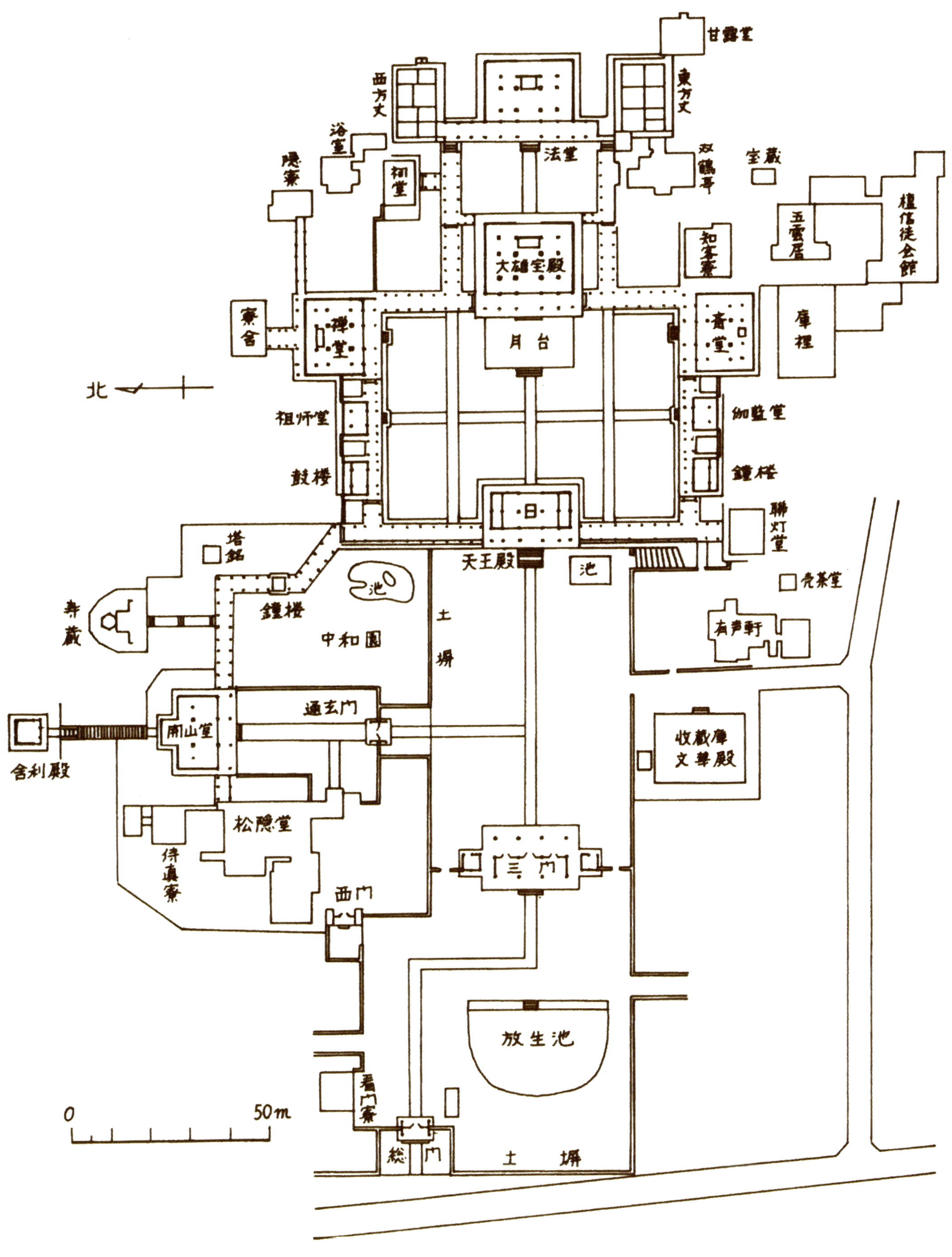

图 3-7　京都宇治万福寺平面图

[日] 关口欣也：《五山と禅院》，小学馆，1991 年，图 120

方丈与园林

在中国禅寺建筑的发展中，最初占有重要地位的方丈逐步被弱化，但它在日本禅宗寺院中仍保留有非常重要的地位，并最终发展成相对完整独立的禅寺生活居住区域。如日本京都大德寺（图 3–8、图 3–9），它在禅寺的基础上发展出了若干别院（塔头）。这些供高僧及其亲近弟子居住的别院在建筑形态上逐步居室化，同时还发展出园林的要素，是禅寺园林化的代表。这一特色也体现在苏州狮子林中。狮子林现为苏州名园之一，但其前身亦为禅寺。狮子林始建于元代至正二年（1342），高僧天如禅师惟则来到苏州讲经，天如禅师的弟子“相率出资，买地结屋，以居其师”；因园内“林有竹万，竹下多怪石，状如狻猊者”，又因天如禅师得法于浙江天目山狮子岩普应国师中峰，为纪念佛徒衣钵、师承关系，取佛经中狮子座之意，故名此园为“狮子林”。亦有佛书上“狮子吼”的寓意。

图 3–8　京都大德寺塔头俯瞰图

Gregory P. A. Levine, *Daitokuji: The Visual Cultures of a Zen Monastery*. Seattle: University of Washington Press, 2005, figure 1

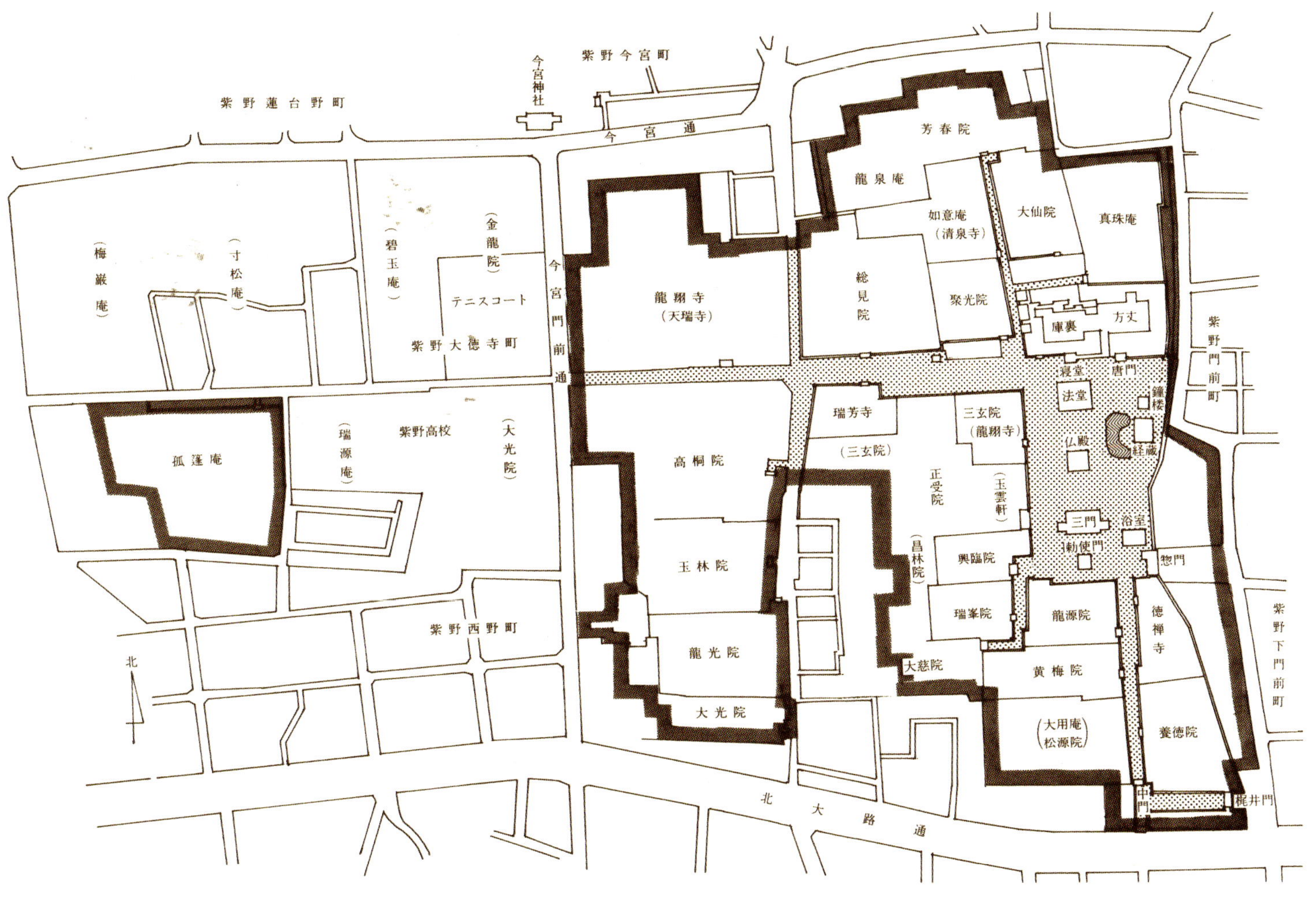

图 3–9　京都大德寺塔头平面图

［日］山根有三：《日本古寺美术全集大德寺》，集英社，1979 年，第 19 页图 2

第二节

诸宗归一①

宋代以后，以宗派而论，中国汉传佛教的大趋势是唯禅宗兴盛，民间净土信仰流行。元明之后，禅宗逐渐与净土信仰合流，这影响了禅寺原本独特的布局形态。元代佛寺的规模较宋辽金时期佛寺更小，除了部分皇家敕建的高等级寺院或地方名寺仍保持了唐宋大规模寺院之遗制，其余鲜见一座寺院下辖多个子院的配置。比如开封相国寺，唐代有六十四院，北宋时期被整合为八禅二律，到了元代仅余八院二禅六律。随着规模的缩小，寺院内部的配置更加紧凑规整。较为完整的元代寺院建筑配置见于元人吴澄所撰《吴文正集》中收录的《抚州路帝师殿碑》(图 3-10)。寺院中央，三门、正殿、法堂布置在中轴线上。法堂左右各有挟屋五间，三门左右各有便门及塾一座，便门及塾构成了两侧各有十四间的塾屋。正殿两侧又有东西两庑，两庑与殿前三门两侧的左右塾相接，同时又与殿后法堂左右翼的挟屋相接，在正殿两侧形成各为十三间的庑房。在左庑与右庑之间，正殿的两侧，各有两座三开间的朵殿，分别为东堂与西堂。三门之外另有棂星门一座，这座寺院中棂星门是一个特殊的设置，以彰显其高于其他寺院的帝师身份。其余如三门、正殿、法堂、东西庑房、正殿两侧朵殿、法堂两侧挟屋、三门两侧门塾等，都是一般寺院中常见的配置形式。

此外，两宋时期，随着印刷术的迅速发展，佛教经典流传广泛，各个寺院中都开始建造经藏殿或转轮藏殿，并逐渐变成一般寺院中不可或缺的建筑类型，其地位甚至可以与佛

① 本节由哈尔滨工业大学（深圳）建筑学院副教授林晓钰撰写。

殿、法堂相比肩。元代寺院继承了宋代寺院该特点，最终形成了三门、佛殿、法堂、藏殿、观音阁、后殿的中轴线配置。此外，元代佛寺、佛殿之前配钟楼、经阁，法堂之后配双阁，后殿左右有东西方丈的做法，是一种典型的寺院空间配置模式。

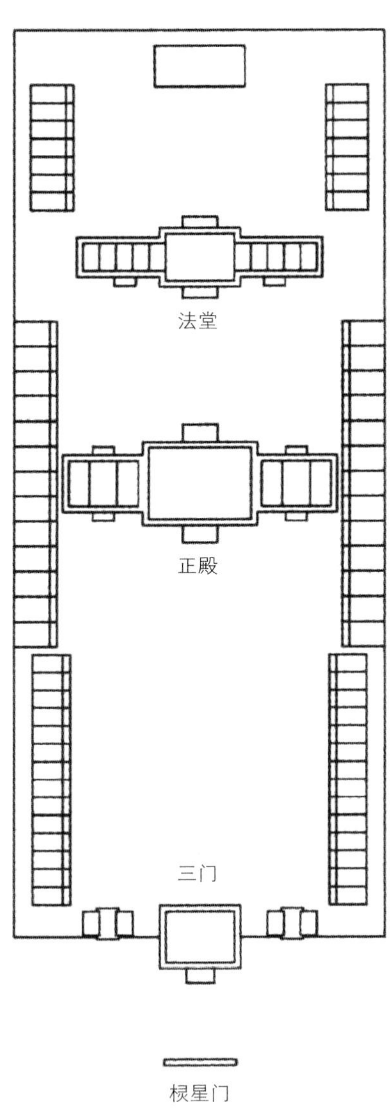

图 3-10 《抚州路帝师殿碑》所记寺院平面推测图

王贵祥：《中国汉传佛教建筑史：佛寺的建造、分布与寺院格局、建筑类型及其变迁》，清华大学出版社，2016 年，第 1684 页，图 9-7

概而言之，明清两代的汉传佛教出现了一个相对比较平稳、缓滞的发展态势，寺院的规模进一步缩小。除了偶然有个别帝后、皇室贵族或内臣参与佛寺建造外，皇家或政府参与佛寺营建的现象已较为罕见。寺院建造的动力似乎更多来自地方乡绅与普通信众，主要是沿用已有的寺院加以改建、重建，鲜见全新初创的寺院形式。即使是一些历史名寺，在这一时期的重建过程中，无论是寺内主要殿阁的规格等级，还是寺院基址规模的大小，也都呈现出比前代明显萎缩的趋势。之前寺塔林立的城市景观在明清也不复存在。

明清寺院内的建筑配置趋于简单化与定型化，建筑类型减少：1. 僧堂分解为专供坐禅的禅堂、供食事的斋堂及供起卧的寮舍等。2. 禅寺的中心由法堂移至佛殿，其中祖师堂和伽蓝堂移至佛殿两侧对峙。3. 钟楼与转轮藏阁对峙逐渐演变成钟楼、鼓楼对峙于寺院前端，观音阁、转轮藏阁对峙于寺院后。4. 中轴线沿纵深加长，位于中轴线上的建筑数量变多，且佛殿作用加强。中轴线上的建筑从宋元时期的山门、佛殿、法堂、方丈，转变为明代的两座乃至两座以上的佛殿，法堂虽仍居于中轴线，但其功能式微。5. 随着元明时期诸宗派的融合，禅寺逐渐失去特有的形制布局，在吸收其他宗派特征的基础上也影响了其他各派寺院的布置，比如明代灵谷寺有左律堂、右禅堂，这就反映了禅律合一的特色。

金陵大报恩寺：明代官式佛寺的典型

金陵大报恩寺于明永乐十年（1412）在北宋长干寺的原址上建造，整个过程历时十九年。大报恩寺为明成祖朱棣为纪念母亲所建，是明代皇家佛寺的典型，建成后的大报恩寺为江南三大寺之一。它的大殿之后建有大琉璃塔一座，九层八面，这座塔自永乐十年开始营建，于宣德三年（1428）竣工。

大报恩寺地处金陵雨花山岗自南向北的余脉上，坐东朝西，规模宏大。全寺分为北部主体寺庙区及南部附属建筑区。北部寺院在复式回廊的围绕之下，中轴线上依次布置有山门（金刚殿）、香水河桥、天王殿、大殿、琉璃塔、观音殿、法堂（图 3–11）。香水河桥的南北两侧各置御碑亭一座，分别立“御制大报恩寺左碑”和“御制大报恩寺右碑”。观音殿的两侧有祖师堂和伽蓝殿，在祖师堂前有钟楼一座，而与之对称的伽蓝殿并无鼓楼之设。

总体而言，大报恩寺的布局除了为供奉原有长干寺佛舍利而修建的琉璃塔外，大致体现了明代南京寺院的共性，即在继承宋元禅宗五山大寺的基础上有所变化。然而，由于地形和地位的特殊性，大报恩寺又呈现出明显的自身特点。比如其北部寺院的中轴线建筑自西向东依次增高以适应地形，这与平地佛寺的布局法有差异。此外，明初的大报恩寺尚有另一处重要院落，即南院。按照《金陵梵刹志》引用《宣德清单》的记载，可以知道南院中包含了三藏殿、禅堂、经藏殿、经房、库房、厨房、东西方丈，可见南院是禅寺僧人的活动空间。由于大报恩寺的国家寺院性质，这些原本属于禅寺核心机能的建筑被移出了佛殿所在的院落。从史料记载的顺序来分析，这些建筑大概可以分为三部分：一是以三藏塔为中心，围绕其布置三藏殿和禅堂；二是经藏殿、经房等建筑；三是方丈、库房、僧房等建筑。

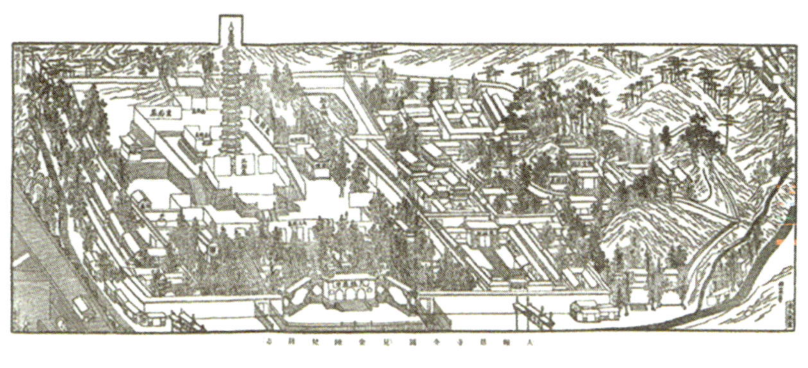

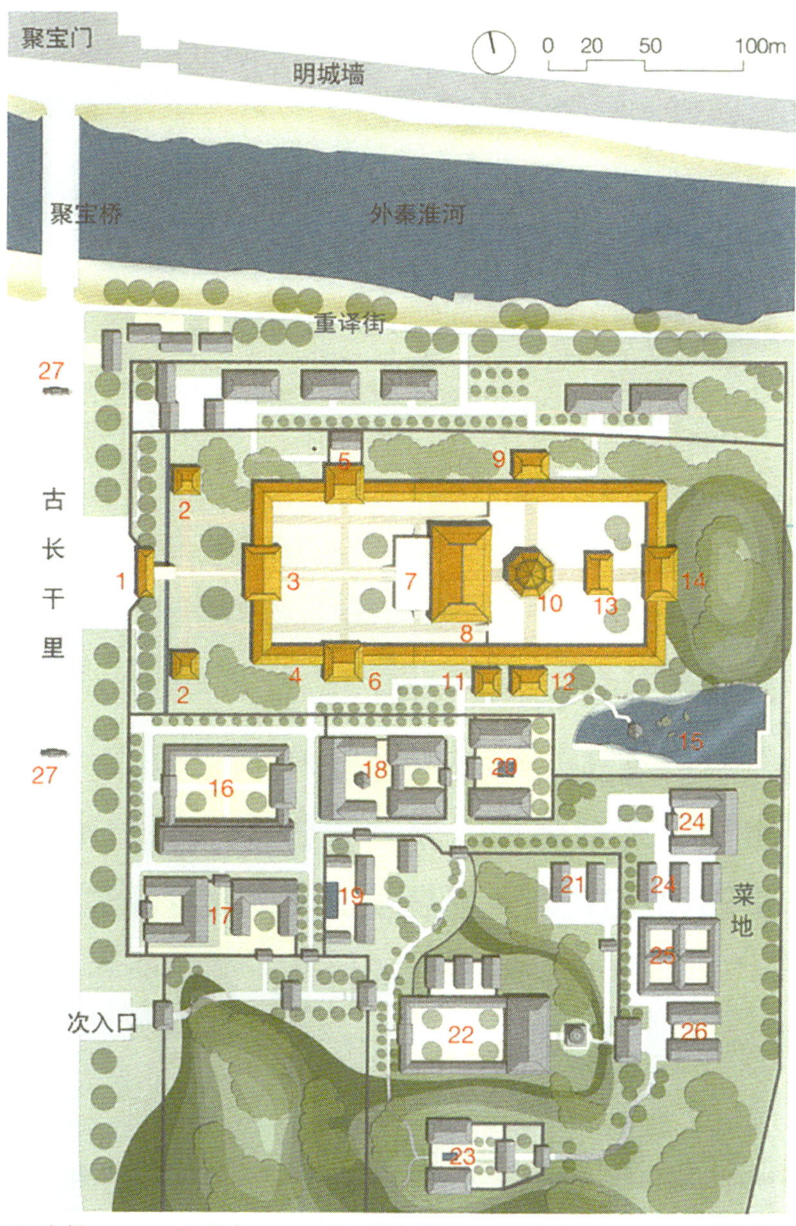

1 山门
2 碑亭
3 天王殿
4 画廊
5 轮藏殿
6 藏经殿
7 月台
8 大殿
9 伽蓝殿
10 琉璃塔
11 钟楼
12 祖师堂
13 观音殿
14 法堂
15 放生池
16 藏经院
17 修藏院
18 方丈院
19 客堂
20 禅堂
21 斋堂
22 三藏院
23 禅修精舍
24 僧舍
25 旃檀林
26 诵经廊
27 牌坊

图 3-11　明初金陵大报恩寺平面复原图

陈薇:《历史如此流动——金陵大报恩寺遗址公园规划设计》,《建筑学报》2017 年第 1 期

太原崇善寺

太原崇善寺建于明洪武十四年（1381），是明太祖第三子晋王朱棡为纪念其母而建。该寺虽大部分毁于晚清，但可根据绘于明成化十八年（1482）的寺院总图了解其整体配置状况（图 3–12）。该寺院平面布局与明代宫殿建筑有相似之处，中轴线南北纵深 550 余米。寺院分为南北二区，南区为园圃、仓廪、碾房等设施，北区为寺院主体建筑。以正殿所在的宽广院落为中心，沿轴线依次为排漆门、金刚殿、天王殿、大殿、毗卢殿、大悲殿。其中正殿周围环以围廊，正殿与毗卢殿以穿堂连接成“工”字平面，廊院东侧罗汉殿与其后殿、西侧轮藏殿与其后殿亦用穿堂连成“工”字平面，庄重非凡。正院以北的大悲殿，左右各有东、西方丈院，继承了宋代禅宗大伽蓝的特点。此外，正院外的两侧各有配置规整的小院八座，包括茶寮、坐禅院、厨库、客堂，以及各类僧院。这一布置方式，不同于普通明清佛寺直接将各功能置于正院中轴线两侧配殿之后的做法，乃是为了维持围绕正院的回廊的完整性。同时，侧院与正院亦由南北向的长巷展开，形成独立的院落。这诸多的空间特征，皆指向明代皇家宫室的原型，与其捐资者的皇室背景吻合。

图 3–12　太原崇善寺藏明成化十八年（1482）寺院总图

柴泽俊编：《山西古建筑通览》，山西人民出版社，1987 年，第 20 页

平武报恩寺

平武报恩寺位于四川省绵阳市西北部的平武县龙安镇。此寺始建于明正统五年（1440），是当地土官为报答皇恩所建。由于报恩寺地处偏僻，全寺格局保存完整，因此它是难得的明代中期官寺佛寺的代表。报恩寺坐西向东，中轴线全长约 300 米。寺前有宽阔的广场，内立一对经幢，对峙于中轴线两侧，经幢西侧的台基上建五开间山门一座。山门两侧有八字形琉璃墙，北侧有钟楼一座，却无对应的鼓楼。山门之后，依次布置有石桥、天王殿、大雄宝殿、万佛阁，大殿左右配殿为大悲殿与华严藏殿，华严藏殿内设转轮经藏。万佛阁前有两座碑亭。从华严藏殿、大悲殿至万佛阁，接有 34 间廊庑，作为罗汉殿使用（图 3–13）。全寺格局紧凑，气势恢宏。

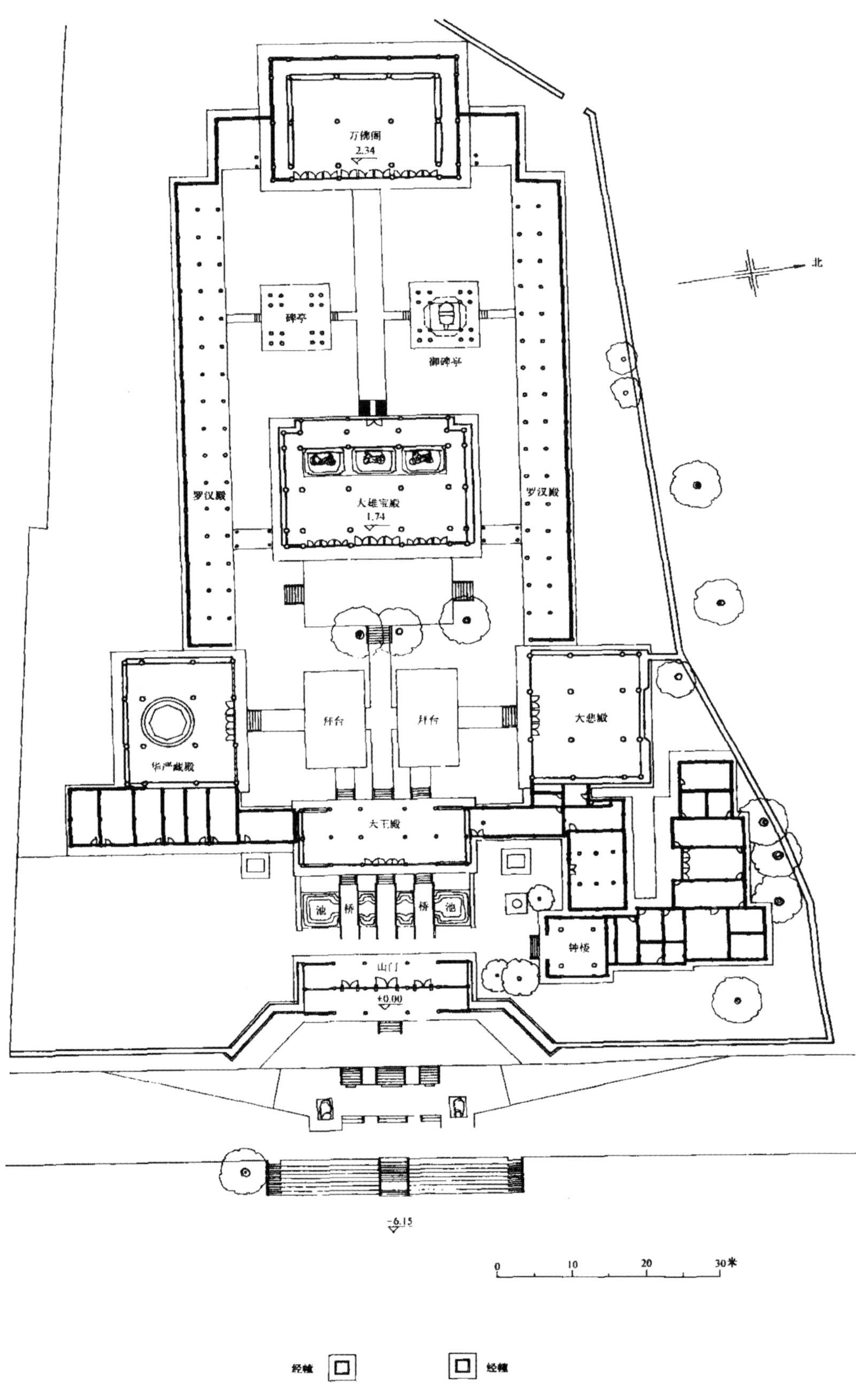

图 3-13　平武报恩寺总平面图

潘谷西主编:《中国古代建筑史·元明建筑》，中国建筑工业出版社，2009 年，图 6-49

第三节

名山道场

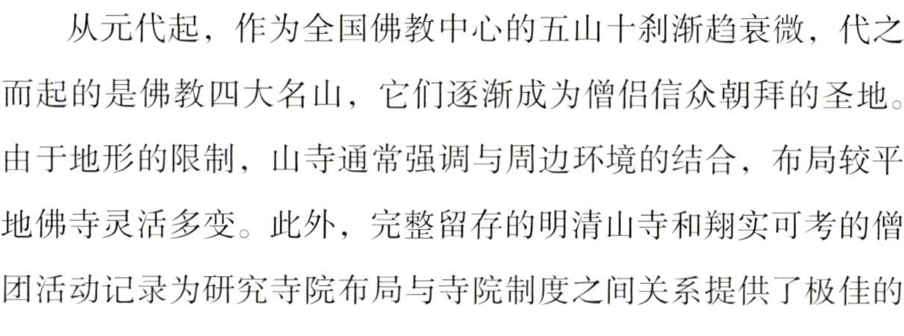

从元代起，作为全国佛教中心的五山十刹渐趋衰微，代之而起的是佛教四大名山，它们逐渐成为僧侣信众朝拜的圣地。由于地形的限制，山寺通常强调与周边环境的结合，布局较平地佛寺灵活多变。此外，完整留存的明清山寺和翔实可考的僧团活动记录为研究寺院布局与寺院制度之间关系提供了极佳的例证，如江苏宝华山隆昌寺。

山林寺院的传统，早在五胡十六国时期已开始出现。由于五胡十六国时期社会动荡、战乱频仍，于是在偏僻的深山之中营造寺院，躲进深山僻壤之地以躲避社会的纷繁喧扰，开辟独立而僻静的修道场所，成为佛教僧徒们十分青睐的模式。随着佛教禅宗的兴起，在山林之中甚至险峻的山巅之上营造佛寺亦成为禅宗僧徒的一种倾向。自此，禅宗寺院也渐渐被称为“丛林”。

到了明清时代，这种山林寺院不仅没有消亡，反而更为兴盛。早在唐代乃至更早之前就开始逐渐兴起的佛教名山，如五台山、峨眉山、九华山和普陀洛迦山，由于统治阶层的重视及普通信众热情不减的朝圣之举，渐次凸显出它们佛教名山的地位，成为明清时期佛教寺院建设中特别突出的山寺案例。

五台山的明清佛寺：以塔院寺及显通寺为例

早在隋唐时代，五台山已经是一处重要的文殊信仰圣地。明清以后，五台山的寺院发展更趋丛密，特别是清朝康乾两代帝后的拜谒对五台山佛寺的建设与重兴起了很大的作用。五台山中心地区的寺院，大多数的格局都表现出明清时代的特征，其中又以塔院寺（图 3-14）和显通寺最为出名。

塔院寺位于山西省五台山台怀镇的大白塔处，寺以塔名。该寺原为大华严寺塔院，明成祖永乐五年（1407）扩充建寺，号为五台山“五大禅林”之一。塔院寺坐北向南，布局以前方为山门，廊屋、禅院为两翼，中轴线上有天王殿、大慈延寿宝殿、大白塔和大藏经阁前后呼应（图 3-15）。其中大白塔位于整个正方形寺宇的中心，这突出了佛塔宏大的体量。

塔院寺山门、天王殿之后的两侧是钟鼓楼，北面是大慈延寿宝殿，殿面宽五间，单檐歇山顶，殿内正面砖砌佛台，上供释迦牟尼佛与文殊、普贤二菩萨的华严三圣像。大白塔紧靠于大慈延寿宝殿之后，是一座砖结构喇嘛式塔。塔座底平面八角，外围单檐挑角回廊，上层三开间塔殿内供铜铸文殊、普贤、观音、地藏王四菩萨，塔基四角各建六角亭以陪塔身。

图 3-14　塔院寺鸟瞰

作者自摄

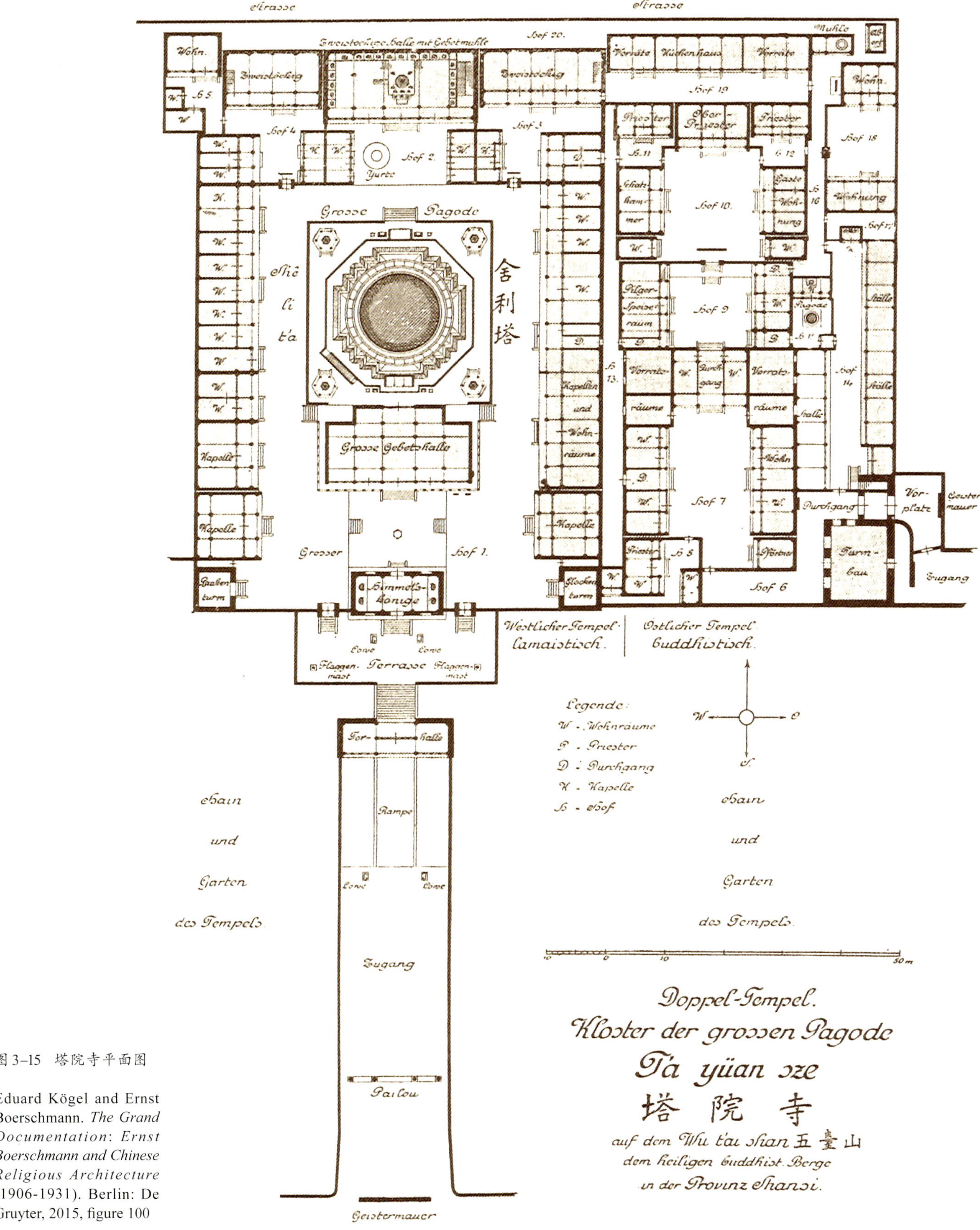

图 3–15　塔院寺平面图

Eduard Kögel and Ernst Boerschmann. *The Grand Documentation: Ernst Boerschmann and Chinese Religious Architecture* (1906-1931). Berlin: De Gruyter, 2015, figure 100

峨眉诸山寺：以伏虎寺为例

除五台山以外的三处佛教名山，佛寺布局的地方特色倾向则更为明显。四川峨眉山为普贤菩萨道场，山势逶迤，峰峦起伏，植被丰富。其上的寺庙建筑最早建于东汉时期，在唐宋时开始兴盛，最后于明清阶段达到鼎盛，其中最为著名的是“峨眉山八大寺”：伏虎寺、报国寺、万年寺、清音阁、洪椿坪、洗象池、仙峰寺、华藏寺。

在光绪十年（1884）绘制的《峨山图说》中，从山底的报国寺起，至金顶的华藏寺，清末的峨眉山由道路串联起了各座大型佛寺，而各个大寺周围又附属了若干小庙，大寺和小庙组成的区域最终形成了峨眉山上景色各异的诸景区（图 3–16）。这种由线串点的布局方式使得香客能随山路朝拜每个庙宇，同时也能在景点之间回环游览，并可根据自己的身体疲劳程度选择宿地。因此，峨眉山上的寺院建筑在布局上也是具有双重考虑的，既要满足佛教建筑的宗教基本功能，又要使游人香客能够在寺院中舒适地居住，为他们提供一个广阔山林中的庇护所，即要有“亦庙亦居”的双重属性。具体而言，峨眉山寺院的建筑体现了清代寺院普遍的布局特征，而在居住的属性上又吸取了川西民居的特色，具有院落式的地域特征。

位于峨眉山麓的伏虎寺建筑群是全山最大的禅宗佛寺，《峨眉山志》描述此寺：“前后左右凡十有三层，崇隆广大，为入峨第一大观也。”寺庙掩映于葱郁的林木之中，因此有“密林藏伏虎”之称。伏虎寺依山取势，因地建殿，集中体现了峨眉山佛教建筑布局及川西建筑的地域营建特色[①]。

峨眉山寺院由前导空间、宗教活动空间、僧侣生活空间和朝圣者投宿空间组成。由香道演化而来的前导空间通常曲折而丰富，伏虎寺的设计就是其中的典型。在到达该寺庙山门之前，先经过入寺牌坊及三座跨溪桥廊，曲折经大片楠木林，遥见天梯上耸立着布金林牌坊，最后达到宽敞的大殿庭院，使信徒通过曲、蔽、攀的空间转换，方可到达寺庙的主体区域（图 3–17）。

伏虎寺自从清初由贯之和尚、可闻禅师等人建成之后，虽历经时代变迁，建筑受到一定程度的破坏，但整体而言，其纵横两个方向的轴线布局依旧保留了下来。全寺分筑在五级台地上，利用筑台、引步、纳陛、吊脚、错层等手法将建筑与地形结合，自然地赋予寺院以雄伟气势。弥勒殿是伏虎寺三大殿堂序列中的第一殿，殿中供奉弥勒佛像，两侧立四大天王像，是明清时期典型的天王殿布局。天王殿本身虽仅三开间，却并没有做额外的山门或造型上的特殊处理，而是与两侧住宿空间相合，融为一

① 李晓卉：《峨眉山伏虎寺建筑群研究》，重庆大学硕士学位论文，2017 年。

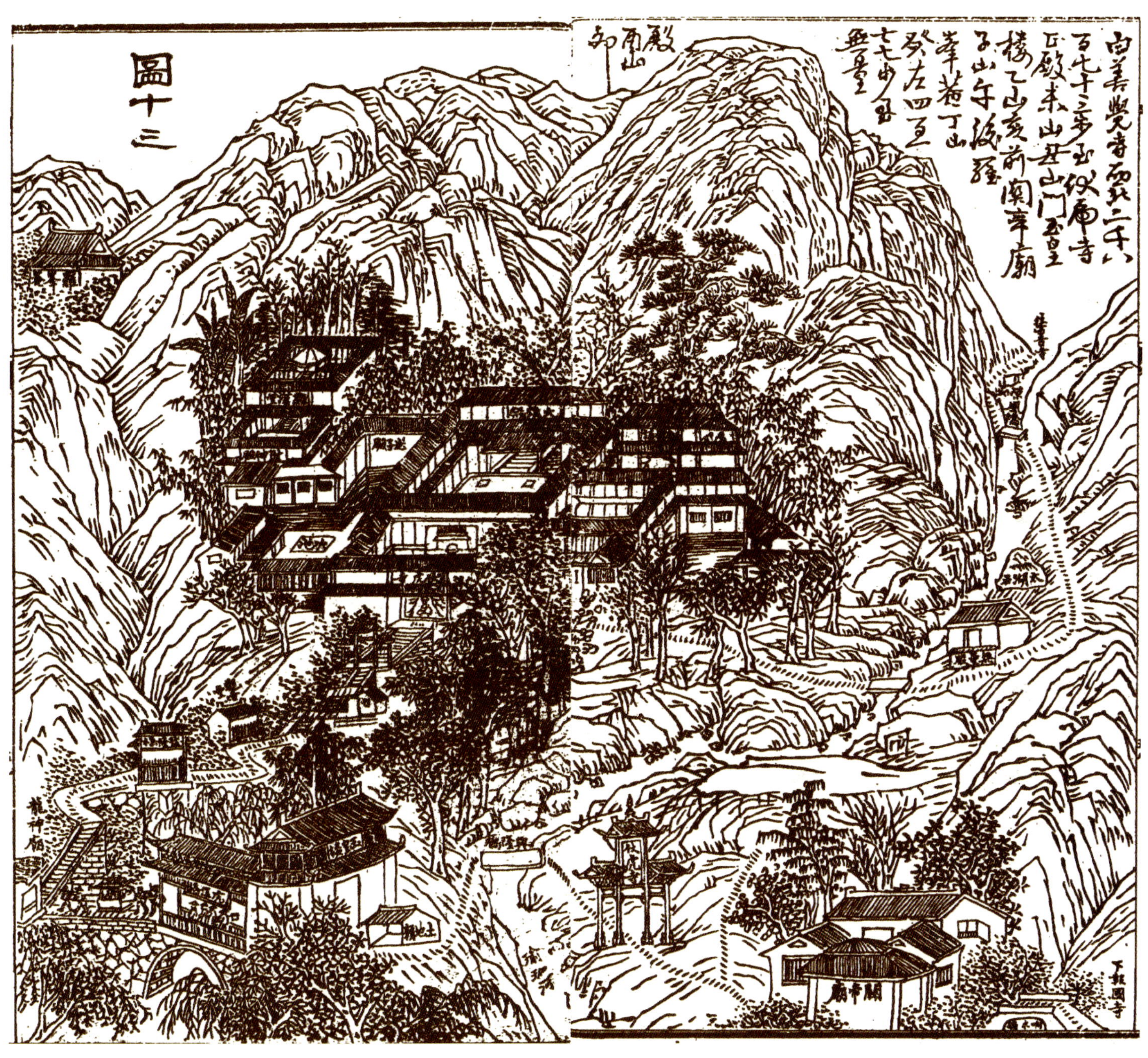

图 3-16 《峨山图说》图十三，善觉寺到伏虎寺

黄绶芙、谭钟岳：《新版峨山图志》，明文书局，1980 年，第 159 页，图 13

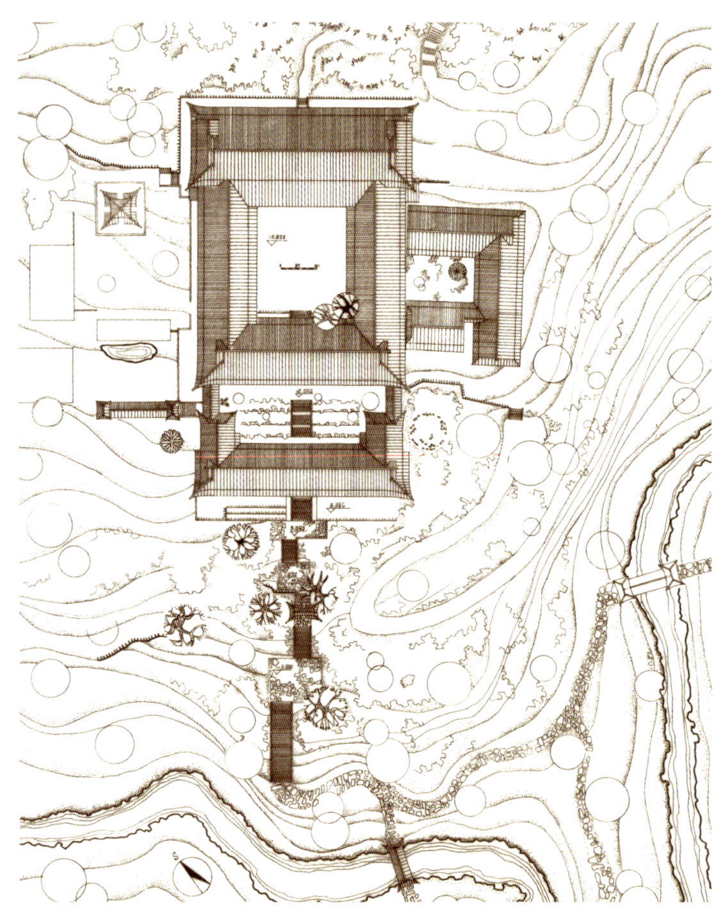

图 3-17 伏虎寺建筑群总平面图

李晓卉:《峨眉山伏虎寺建筑群研究》，重庆大学硕士学位论文，2017 年，图 3-2

体的建筑立面形态给人带来面阔很大的错觉。为了满足高大佛像的摆放需求，殿中上空做通高处理，中间为了保证二层走廊的连通性形成了走马廊，同时在内部划分了空间，削弱了高大佛殿空间与住宿空间的不协调感。

弥勒殿之后是由普贤殿、大雄宝殿及厢房所围合成的、面阔十一间的巨大四合院，亦称为“离垢园”。普贤殿位处当中，体现了峨眉山作为普贤菩萨道场的信仰特点。与较为独立的弥勒殿相比，作为离垢园院落入口的普贤殿具有更强的交通性，不仅在纵向上要与弥勒殿、大雄宝殿相连，在横向上也需要与膳食院落、御书楼等生活院落相连。因此普贤殿设置了前后廊与侧廊，形成环绕通长的廊道交通空间。普贤殿本身面阔三间，设计上亦强调了过堂的功能，在一层形成了一个下穿空间，低矮的下穿空间与大雄宝殿的开敞空间形成对比。位于中轴线最后的大雄宝殿是伏虎寺最重要的殿堂，面宽五开间，连同两侧厢房共达十三开间。如此巨大的建筑尺度却统一在四合院的建筑空间之中。大雄宝殿建筑平面的处理方法与天王殿类似，都将殿堂空间做上下通高处理，并保留了划分内部上下空间的走马廊。殿堂左右两侧直接衔接功能性用房，功能性用房使用内廊的组织方式。此外，在中间主要纵轴线两侧又有与之平行的次级纵轴线，依台建殿，西序是财神殿和罗汉堂，东序是御书楼及生活区，整体来说基本符合禅宗清规的布局要求。

伏虎寺建筑群体现了峨眉山佛寺的布局特色。首先，它吸取了川西民居的做法，将殿堂空间整合在尺度巨大的四合院中，大殿与左右两侧的客房连为一体，将开间数量增多，营造了面阔很大的空间感受。建筑横向绵延舒展，给人以强烈的震撼之感。其次，寺院布局不强调主要殿堂的独立性和隆重性，仅仅将主殿通过连廊与东西两序的禅院及生活院落相连，将主要殿堂建筑及东西两序围合成了两进四合院，禅院与生活院落在东西两序也围合成了独立的四合院。这体现了峨眉山作为佛教圣地，自古以来有接受僧尼、香客朝拜的接待功能，"亦庙亦居"的功能属性得到很好的诠释。

宝华山隆昌寺

四大名山之外，江苏宝华山的律宗道场隆昌寺也因其独具特色的布局形式而闻名，丹麦建筑师艾术华（Johannes Prip-Møller）于20世纪30年代的造访进一步提升了它的知名度（图3-18）。艾术华对隆昌寺的建筑艺术给予相当高的评价，在他的名著《中原佛寺图考》的前言中，他指出这座佛寺的平面布局显示出数世纪以来的传统，而寺院建筑与其内部的宗教生活有着紧密的互动关系，因此隆昌寺是研究中国佛寺的极佳案例。

据传隆昌寺始建于梁天监元年（502），与梁代著名的神僧宝志和尚相关。而目前寺院的形制，大概是明末清初几代住持持续兴建的结果。首先是隆庆年间普照和尚的复兴，再是万历三十三年（1605）以修建佛教建筑闻名的妙峰禅师得皇室资助，在寺内造铜殿一座及无梁殿两座，神宗敕赐大藏经及匾额"护国圣化隆昌寺"，该寺遂易名为隆昌寺。此外，据《宝华山志》记载，寺院的其他建筑尚有"连阁四周凡五十三楹"，大约是多层建筑围合的一个院落。这些建筑的朝向应该与现存的无梁殿一样，是朝西的。

在随后的数十年中，作为禅宗道场的隆昌寺逐渐由律宗僧人控制，寺院也在宗派斗争中逐渐衰落。到了明亡清兴的1644年，隆昌寺的住持三昧寂光律师选定了他认为更加有利的朝向，重建了除铜殿和无梁殿以外的所有寺院建筑。今天隆昌寺所见的总体格局皆源于三昧寂光的这次重建。此外，三昧寂光在寺内建起戒坛，江南的戒子们开始聚集在此求戒。由是，一座即将衰败的禅寺一跃而成为当时长江以南的律宗首刹。三昧寂光重兴隆昌寺后不久圆寂，其继任者见月读体律师有感于受戒人数不断增加，原有的木戒坛无法满足需求，因此在寺的东南方重新选址修建了戒坛院，内有石戒坛一座。至此，隆昌寺的所有重要建筑均已完成。虽然雍正十二年（1734）的一场大火将寺内主要殿宇化为灰烬，但随后全部建筑得以迅速修复。此时隆昌寺已享有极高名望，是当时中国影响力最大的传戒道场，极盛之时，来此受戒的僧尼人数占全国数量的百分之七十。

隆昌寺位于宝华山众多峰峦围绕的盆地之中的一处坡地之上，进入寺庙要沿着蜿蜒曲折的山路方能到达。进入寺院主体之前，先要经过两座设置在山路之中的山门。这种做法在宋元佛寺中已极常见，如天童寺即在参道上设有数座山门。在隆昌寺，这两座山门也起到为香客提供休憩场所的作用。穿过山门和寺前的池塘，八字影壁的寺门就出现在香客面前。

与一般明代山地寺院相比，隆昌寺除了顺应地势、在入口的几处山门采用了园林手法以外，还巧妙地将莲花的意象融入建筑布局之中，而且没有违背惯常的佛寺空间秩序。从整体平面上看，寺院的布局似乎与普通佛寺一样，可以被理解为中轴线上一系列的重要建筑（韦陀殿－大雄宝殿－大讲堂－玉佛殿）与两侧的附属建筑群，但实际的空间感受并非如此。寺院的核心区域乃是取意模仿莲花的同心环形式布局。特别为了避免强调中轴线，隆昌寺将主入口偏在一侧，没有与中心庭院直接相连，而是低调地将主入口排除在核心建筑之外，安置在第一圈与第二圈建筑之间（图 3–19）。从山门穿过通道方可进入主庭院，其结构方正，对称严谨，主次分明，回廊环绕，称之为四合大院。大院东侧（正面）正中为五间大雄宝殿，正对五间韦陀殿，两者尺度相同。韦陀殿上层为供奉白衣观音的大悲殿，左右各三间建筑分别为供奉文殊菩萨的净土坛和供奉普贤的大悲坛。韦陀殿两侧则是客堂与楞严堂。大殿除了自身为单层建筑外，两侧与韦陀殿类似，都是两层三间的建筑。上层为藏经楼，其中包括藏经室和阅览室，并供奉着毗卢遮那佛，底层一侧为通往藏经楼的通道，另一侧则是连带方丈的法堂。四合大院的布局与普通佛寺的不同之处在于，韦陀殿正面与大殿相对，是向心形布局。大院之外，沿着北端西侧向东建造的有斋堂、寮房和香积厨。妙峰所建的无梁殿位处寺院的最东端，高于大院之上，其轴线与大院也有 45 度的角度，显示出三昧寂光与见月读体的改宗态度（图 3–19）。

此外，作为一处著名的律宗传戒道场，隆昌寺的格局不仅满足了特定的功能需求，并且将其整合在有序的空间秩序之中。四合大院的另外两侧，底层是律宗寺院特有的板堂，沿两侧山墙布置有架高的炕，供受戒的僧人居住。板堂的楼上和楼下则有六间皆是三开间的新戒堂。新戒堂的平面和家具布置均和板堂接近，这是在一年两次的传戒活动中，受戒沙弥的堂室。与新戒堂相连的，还有供传戒师居住的传戒堂和羯磨堂，传戒师通常是附近寺院邀请而来的显赫僧侣。所有的建筑皆围绕大院而设，而隆昌寺最重要的建筑——戒坛院则设在寺院下部组群的独立建筑单元。在这里将举行授予三坛大戒的第二戒，也就是最为重要的一环——“比丘戒”的仪式。在寺院平面中，这组建筑与周围完全隔绝，没有任何的外墙与其他房间共用，中间隔着狭窄通道和水槽。故此，隆昌寺的布局有灵活多样的变化，适合传戒多种功能的需要，气势宏伟而又极其庄严，井井有条地表现了传统的理性精神，在空间上取得了高低错落有致、虚实对比强烈的艺术效果。从总体来看，它的功能、造型、大小与装饰如同宫殿，但又不失佛寺的风格，是一处“方形廊院制”建筑群。

图 3-18 《宝华山志》中的隆昌寺图

Johannes Prip-Møller. *Chinese Buddhist Monasteries: Their Plan and Its Functions as a Setting for Buddhist Monastic Life.* Hong Kong: Hong Kong University Press, 1967, p.197

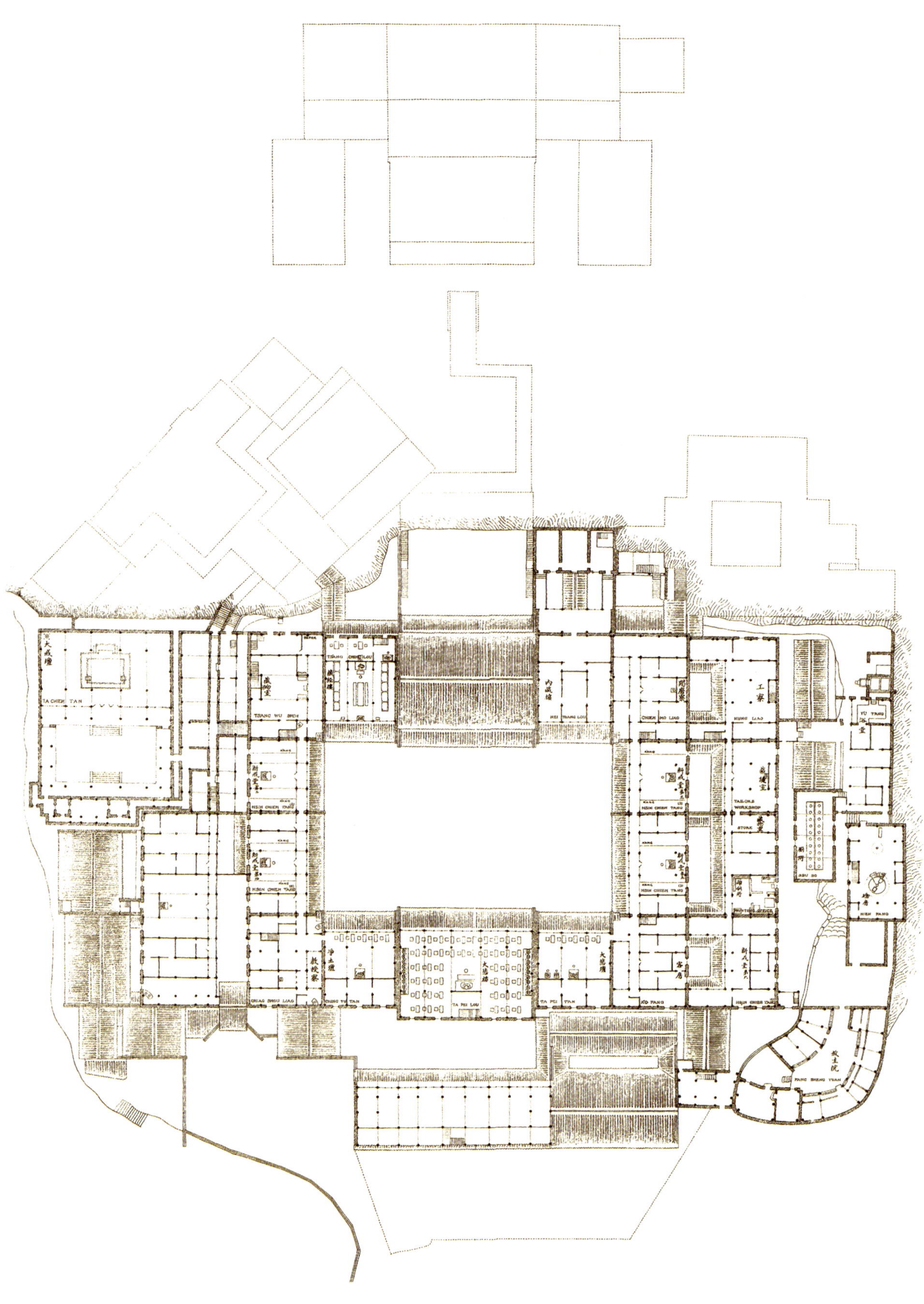

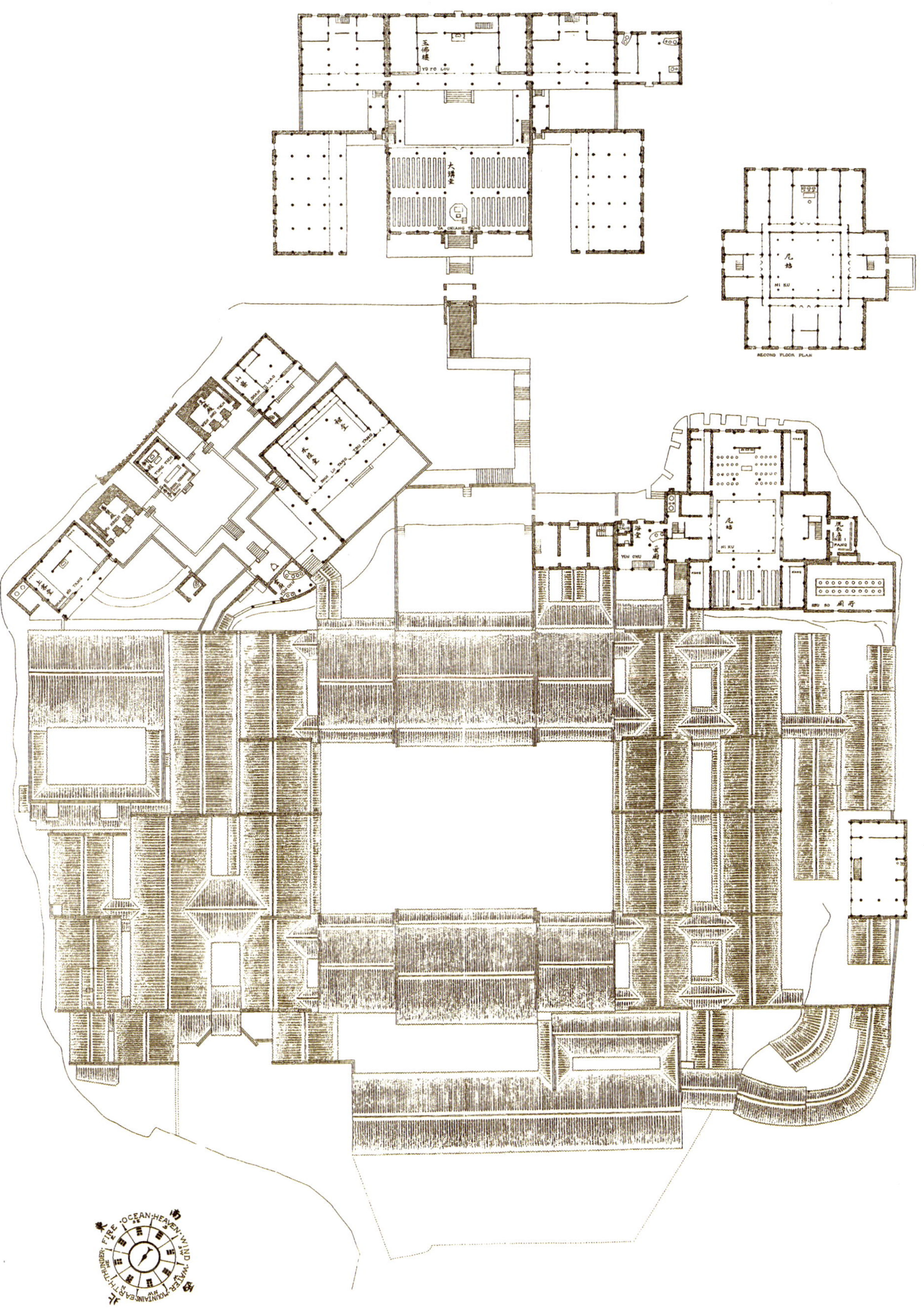

KIANGSU. PAO HUA SHAN. *Hui Chü Ssu.*
Second Floor Plan. 1 : 300.

图 3–19　宝华山隆昌寺一层、二层平面图

Johannes Prip-Møller. *Chinese Buddhist Monasteries: Their Plan and Its Functions as a Setting for Buddhist Monastic Life.* Hong Kong: Hong Kong University Press, 1967, Appendix

中国
佛教美学
典藏

第四章 藏传佛教影响下的寺院

综述

西藏地区自7世纪开始正式从印度引入佛教，至9世纪朗达玛灭佛以前，贵族之中崇佛风气极为兴盛，这一时期被称为藏传佛教的前弘期。此时期修建的藏传佛教佛寺带有非常鲜明的印度特色，可以看到印度和中亚的三种不同建筑体系在佛寺上的直接运用。这些印度的形式，在10世纪古格王朝时期的佛寺建筑上，甚至在15世纪的江孜白居寺中，仍可见到。

随着藏传佛教在10世纪的逐步复苏，更为完善的经典从印度被引入，特别是阿底峡尊者的入藏和格鲁派的成立，以出家众为主体的严密的显密学修体系在西藏被建立起来。为了满足僧众的需求，寺院建筑开始逐步脱离印度的影响，发展出结合经堂与佛殿的中心建筑形态。同时，由于格鲁派大寺院中的僧侣过着集团生活，僧侣人数众多。大寺院根据僧侣的学修次第，往往设有显宗学部、密宗学部、时轮学部、医药学部和菩提道学部。各个学部都有自己的佛殿和经堂，而各学部的僧侣围绕自己的学部各自形成居住区。因此，考察格鲁派大寺院的空间组织，必须借由了解其寺院组织才能深入。本章从10世纪早期经堂的例子出发，探讨新形式的演变发展，最终形成成熟庞大的“扎仓－康村”体系的寺院大学，并将之与6至9世纪的印度那烂陀寺比较。

藏传佛教从13世纪开始，随着蒙古帝国的扩张传入西藏以外的地区。这些远离西藏修建的藏传佛寺，由于施主和当地风俗与西藏不同，在经堂为主的同时，呈现出多样的布局形式。如瞿昙寺和雍和宫的纯明清汉式布局，以及额尔德尼昭可能源自更古老的“皇龙寺－长沙寺－同泰寺”的三佛殿布局。无论

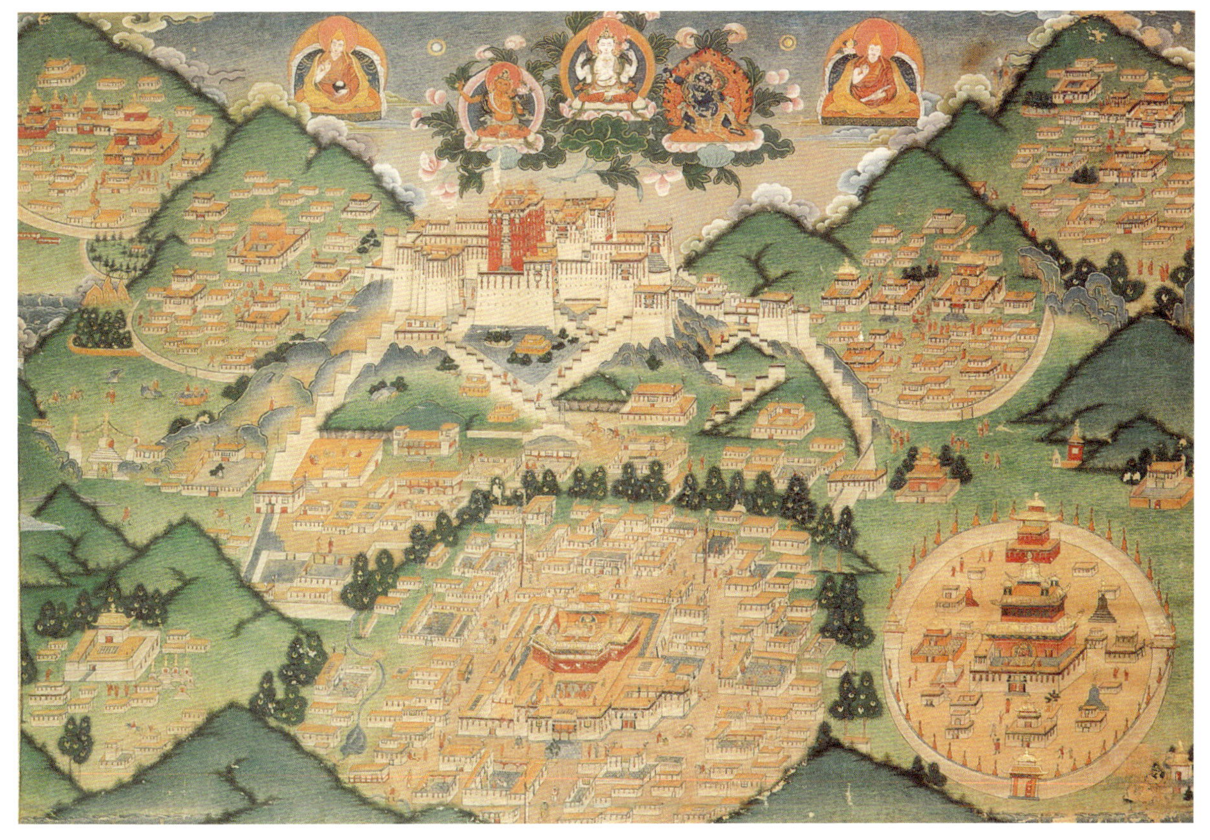

这幅唐卡描绘了西藏拉萨和山南一带的主要佛教圣地。画面中有布达拉宫、大昭寺、桑耶寺、甘丹寺、色拉寺、哲蚌寺等十余座寺院。

图 4–1 《前藏佛寺图》

甲央、王明星等：《宝藏：中国西藏历史文物》，朝华出版社，2000 年，第 86 页

如何，最终在清代形成了以汉传佛教建筑的中轴线对称为主、都纲式经堂为中心建筑的布局。

西藏以外的藏传佛寺在历史上曾出现过一类较为特殊的形态，即由皇室敕建、仿造神圣图形或西藏已有寺庙的形制。这类佛寺的布局，往往追求表现类似曼荼罗坛城的佛教世界观，其背后也具有强烈的政治意图。正如清代《前藏佛寺图》唐卡所绘，多元的藏传佛教寺院建筑是西藏地区最为重要的城市与聚落景观，深刻地影响了物质和精神空间的塑造（图 4–1）。

第一节

天竺原型

赞普松赞干布在7世纪统一吐蕃以后，迎娶了尼泊尔公主和唐王朝公主，并兴建佛寺。根据《西藏王统记》记载，最初松赞干布以拉萨为中心，在周围建十二座寺庙以镇伏四方的鬼怪，并填平了拉萨中央的大湖，由尼泊尔尺尊公主和唐文成公主分别主持建立了大昭、小昭二寺，供奉两位公主带去的佛像和经卷，并作为吐蕃皇室祈福礼拜的场所。这两座佛寺的设计与布局也体现出吐蕃早期佛寺忠实遵照印度寺院原型建造佛寺的特点。

毗诃罗：大昭寺

由尼泊尔公主主持建立的大昭寺位于拉萨市旧城八廓街的中心，坐东朝西，是吐蕃历代赞普弘扬佛法的主要场所（图4-2）。大昭寺始建于7世纪，841年遭藏王朗达玛灭佛破坏，现有建筑群大多为11世纪以后陆续修整、扩建的，只有寺中心的主殿是原有建筑，但在历次修缮中也有部分改动（图4-3）。

宿白先生认为，现存大昭寺中心佛殿的第一、二层，是大昭寺最早期的遗迹，但很可能已经不是松赞干布时期创建的原物，而是吐蕃赞普赤松德赞、赤德松赞、热巴坚祖孙三代扩建、修整后的遗存[①]。意大利学者罗伯特·维塔利则认为，这一部分都是吐蕃王国时期的建筑，其木质结构表明建造年代均为7世

① 宿白：《藏传佛教寺院考古》，文物出版社，1996年。

图 4-2　八廓街中央的大昭寺

André Alexander, *The Temples of Lhasa: Tibetan Buddhist Architecture from the 7th to the 21st Centuries.* Chicago: Serindia Publications, 2005, p.21

纪，并且据藏族传说，一层建筑出自松赞干布之手，而尼泊尔尺尊公主则主要负责修建了第二层建筑。吐蕃赞普赤德祖赞、赛那勒、热巴坚在位时期，曾经相继对大昭寺进行过维修。

不论两种观点的差异，二者大致上都认同吐蕃时期的大昭寺为一座内院式两层平顶碉房，平面为 42.2 米见方，围绕内院上下布置门楼和佛殿。据《西藏王臣记》和《西藏王统记》等书记载，四周佛殿为：东西佛殿左、中、右三间，分别供奉阿弥陀佛、不动佛和弥勒佛；南、北两边分别建佛殿，供奉不动金刚和观音等主尊；西边门殿两侧也建有佛殿，门楼上为七世佛殿。在二楼廊庑也建有佛殿。主殿在后世修建时将中间不动佛殿向东推移 2 米，扩建成释迦牟尼殿（图 4－4）。

上述主殿的平面布局极其类似印度佛寺的毗诃罗僧院，特别是北印度那烂陀寺的僧房院遗址。那烂陀寺在 5 至 11 世纪一直是印度重要的大乘佛教中心，7 世纪于此求法的义净三藏，在所著的《大唐西域求法高僧传》中记载该寺的格局："然其寺形，娶方如域，四面直檐，长廊遍匝，皆是砖室。重叠三层，层

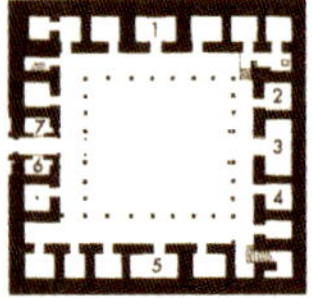

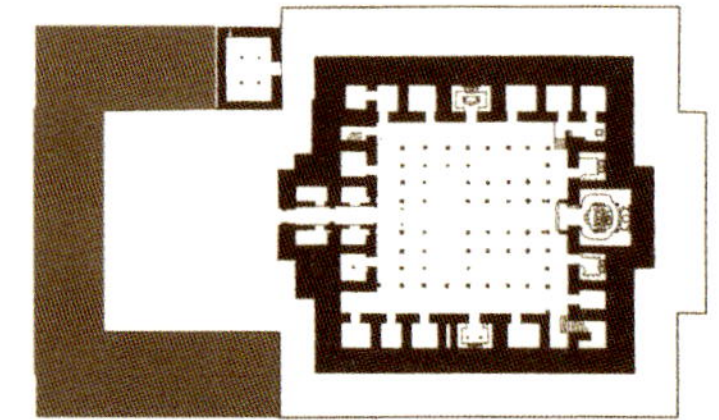

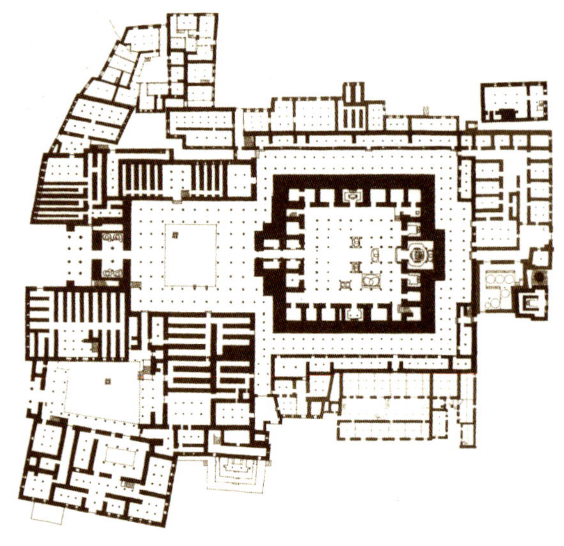

高丈余，横梁板阗，本无椽瓦，用砖平覆。寺背正直，随意旋往，其房后壁，即为外面也。……其僧房也，面有九焉，一一房中，可方丈许。后面通窗户向檐矣……于一角头，作阁道还往。寺上四角，各为砖堂，多闻大德而住于此。寺门西向，飞阁凌虚，雕刻奇形，妙尽工饰。其门乃与房相连，元不别作，但前出两步，齐安四柱。……寺内之地，方三十步许，皆以砖砌，小者或七步，或五步耳。……如斯等类，乃有八寺，上皆平通，规矩相似。于寺东面西取房或一或三，用安尊像，或可即于此面。前出多少，别起台观为佛殿矣。”

义净的记录与那烂陀寺的遗址相对照，可知记载不虚。而那烂陀寺遗址中约建于5至6世纪的两座僧房院，就其平面观察，除小室数字略有差异外，几乎与大昭寺主殿完全相同。当然，在完全照搬印度毗诃罗形制之外，大昭寺与印度原型最大的差异并不在建筑本身，而在于建筑的功能。印度的僧房院以僧人为主，而大昭寺的小室均是供奉佛像的龛室，这与当时西藏尚未有本土僧团相关。

图4–3　大昭寺历史演变图

André Alexander, *The Temples of Lhasa: Tibetan Buddhist Architecture from the 7th to the 21st Centuries*. Chicago: Serindia Publications, 2005, p.44

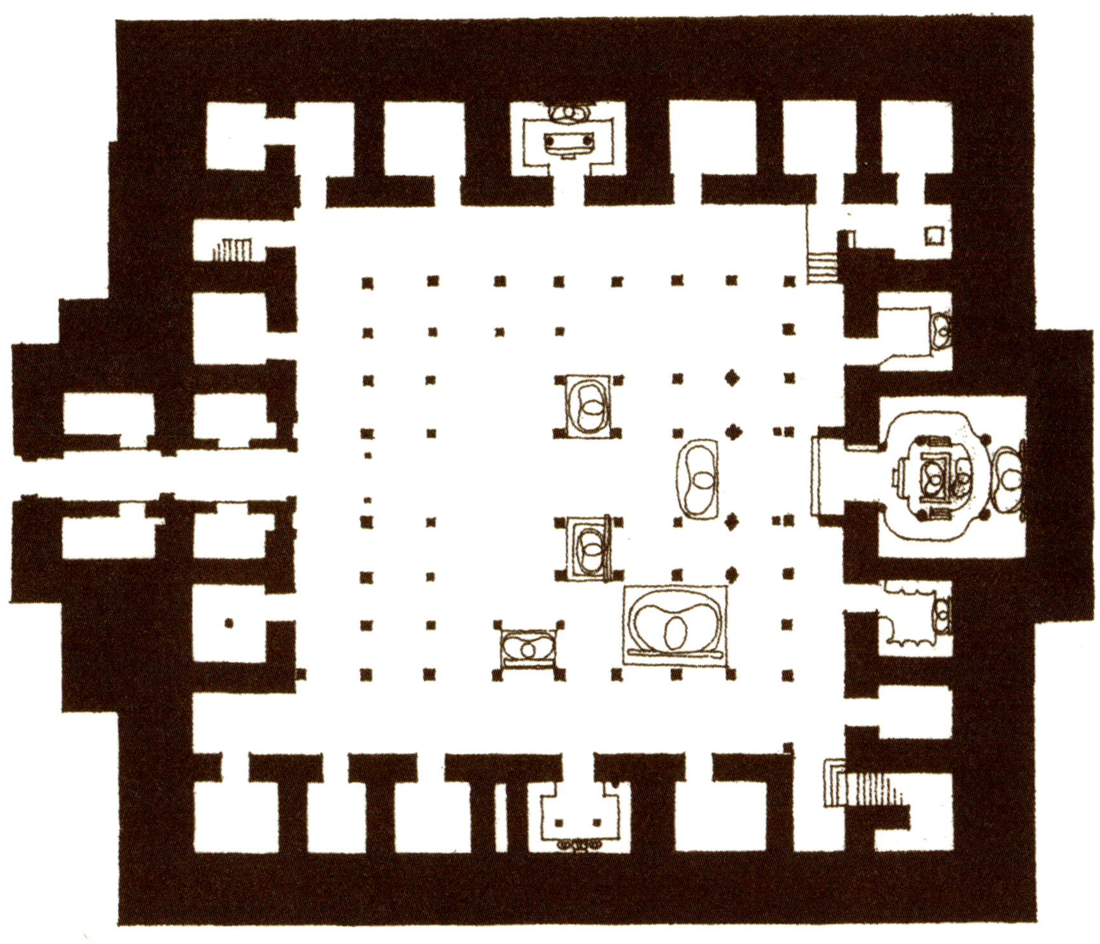

图 4-4　大昭寺中心佛殿部分平剖面图

Amund Sinding-Larsen, *The Lhasa Atlas*: *Traditional Tibetan Architecture and Townscape.* Boston: Shambhala. 2001, pp.114–115

印度神殿：小昭寺

文成公主主持修建的小昭寺坐西朝东，位于八廓街的北面（图 4–5）。这与坐东朝西、位于八廓街中心的大昭寺形成了有趣的对比。同时，该寺的建筑布局与形制也完全不同于采用毗诃罗僧院形制的大昭寺，而是来自另一印度佛教建筑传统。

小昭寺前有开放庭院，现存主楼之底层由东至西分为门厅、经堂、佛堂三部分，主楼的周边围绕外转经廊道。其中门楼高三层，底层为宽敞的门廊，二、三层是僧房和小经堂等。穿过门楼即经堂，又称集会堂，有内柱三十根，中部四大柱直通二层之上，撑起高敞天窗。最后部的佛堂，底层平面作“回”字形，内室供主佛为尼泊尔尺尊公主带来的铜鎏金不动金刚佛，以厚墙与周边的密闭回廊隔开（图 4–6）。佛堂的二、三层均用作供佛，第四层为金顶殿，内有明柱两排八根，左右开小窗。殿左右及后部有一周狭窄回廊，以木栏相围。金顶作歇山式，以五铺作斗拱承托。

小昭寺历史上几经火焚，又在“文化大革命”中遭到毁灭性破坏，现存表露在外的建筑，不仅看不到任何吐蕃时期的遗物，甚至 17 世纪以前的遗留也极罕见。根据宿白先生 1959 年的实地考察和文献研究，我们大致可以推断，今天小昭寺第一层附有礼拜道的佛堂部分是其 7 世纪初建时的原始形制，而经堂与门楼从形制上看皆是 13 世纪之后逐步增设的结果，与西藏佛寺建筑的发展脉络可以对应起来。

如是，小昭寺初建时期的建筑形制，与印度 5 世纪以来修建的印度教神庙建筑颇为类似（图 4–7）。两者皆是“回”字形平面，在最神圣的内室外围绕一圈礼拜道回廊。类似形制的南亚佛教建筑不乏其例，如印度埃洛拉石窟第 8 窟，而 8 世纪孟加拉国索玛普利寺中心的十字形佛殿亦在四面围绕礼拜道，可视作一种变体。若追根溯源，这种“回”字形的建筑形制最初出现在大夏（今阿富汗北部）地区，是佛教建筑受到波斯袄教文化影响的产物，最终成为西域早期佛寺的重要形式，如于阗和龟兹地区的佛寺遗址，均有“回”字形佛寺的身影。具体就小昭寺而言，当是“回”字形佛寺经犍陀罗传入印度本土、影响印度教和佛教建筑以后，产生成熟建筑语言继而在 7 世纪传入西藏的产物。通常，印度教神庙在内室之上往往有高耸的塔状屋顶，同时代的那烂陀寺遗址和摩诃菩提寺，均证明了这种高耸结构在佛寺中的运用。我们虽然无法确切知道小昭寺最初的上层建筑细节，然而就现存的金顶形式来

图 4–5　小昭寺全景图

André Alexander, *The Temples of Lhasa: Tibetan Buddhist Architecture from the 7th to the 21st Centuries.* Chicago: Serindia Publications, 2005, p.76

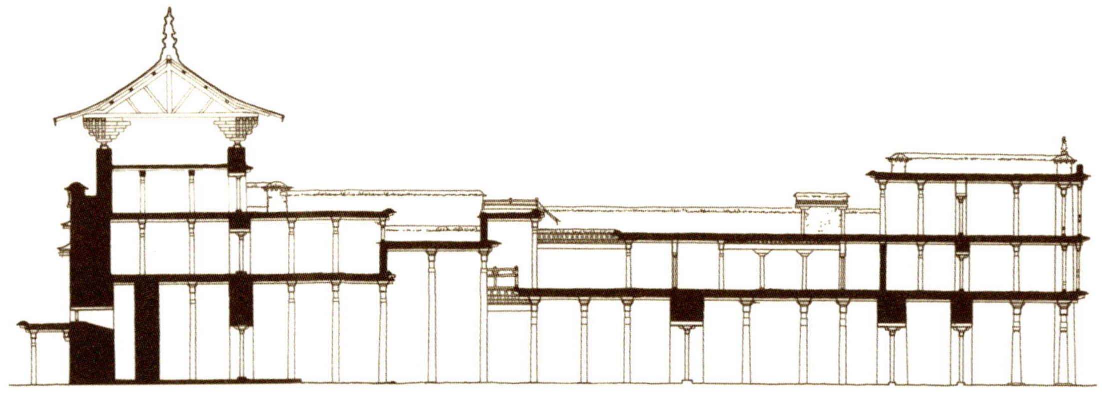

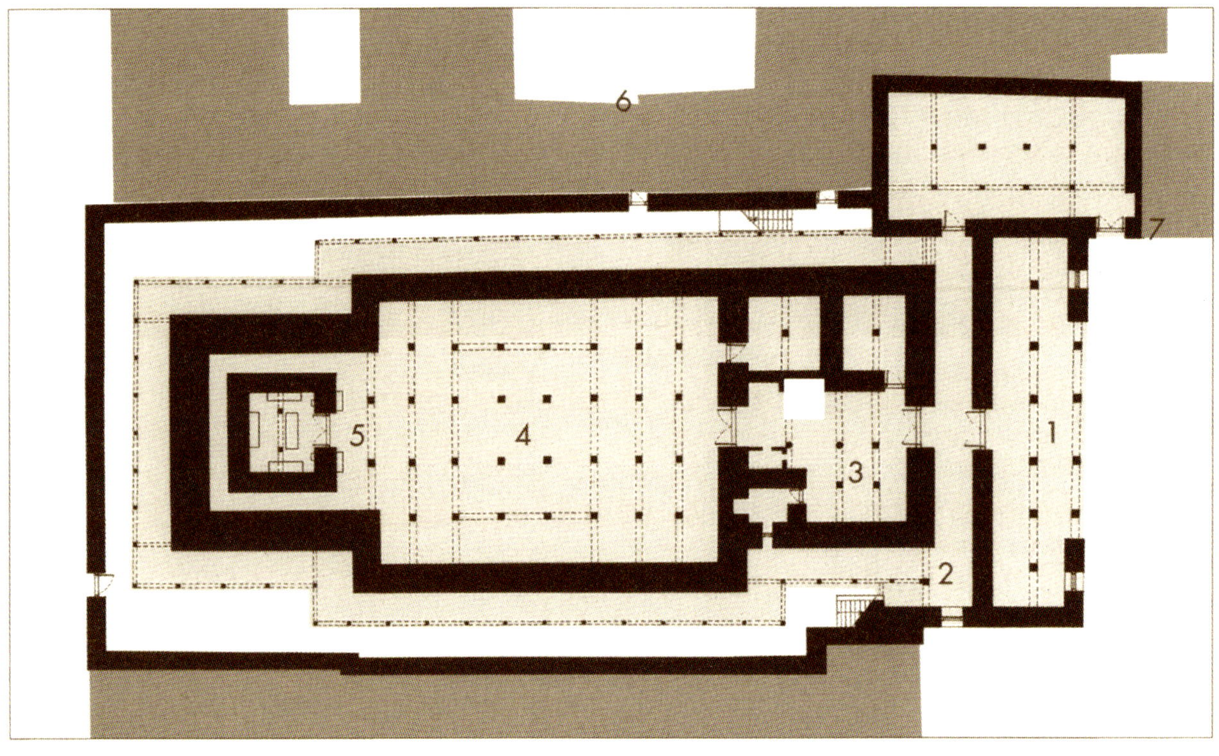

1 门廊
2 外转经道
3 前殿
4 集会堂
5 佛堂
6 厨房
7 井

图 4-6　小昭寺底层平剖面图

André Alexander, *The Temples of Lhasa: Tibetan Buddhist Architecture from the 7th to the 21st Centuries.* Chicago: Serindia Publications, 2005, pp.80&82

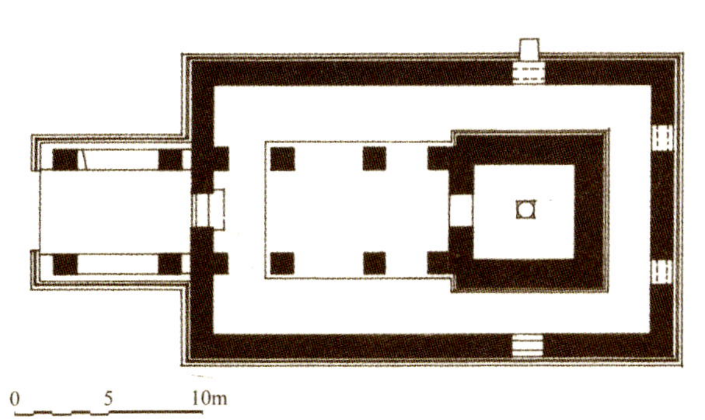

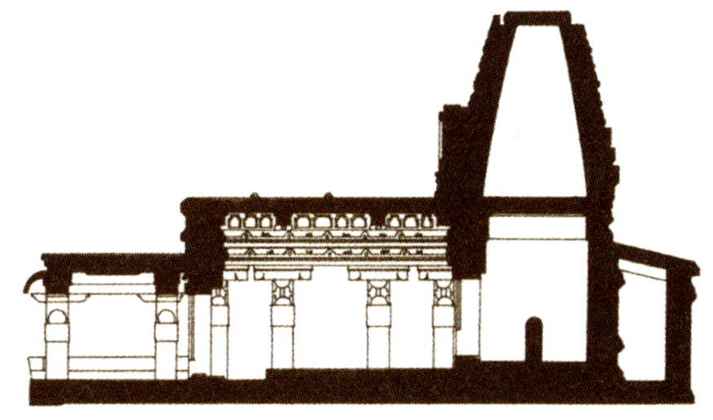

图 4–7　8 世纪南印度教胡志玛里（Huccimalli）湿婆神庙

André Alexander, *The Temples of Lhasa: Tibetan Buddhist Architecture from the 7th to the 21st Centuries*. Chicago: Serindia Publications, 2005, p.86

看，其檐下的五铺作斗拱与唐五代佛寺主殿（如平遥镇国寺大殿）的顶部相当类似，再考虑到文成公主与内地工匠的参与，或许在一开始，小昭寺的印度式塔状屋顶就被工匠用汉式屋顶代替，而歇山顶所暗含的“核心 + 礼拜道”形式，也与印度的“回”字形相吻合，是一种文化交融的产物。

曼荼罗：山南桑耶寺与阿里托林寺

以 8 世纪中期桑耶寺建立为标志，吐蕃佛教进入盛期，这一时期的佛寺受到当时印度新的佛寺建筑形式的影响，呈现出与之前完全不同的布局方式。桑耶寺是由印度佛教僧人寂护和莲花生，仿照印度奥坦陀布黎寺而建造。静命论师在此寺为吐蕃贵族剃度出家，因此这座寺庙是西藏第一座建立僧伽制度的佛寺。

根据吐蕃的史书《拔协》及《布顿佛教史》的记载，桑耶寺的整体设计是按照《阿毗达摩俱舍论》所描述的以须弥山为中心的世界来布置建筑的，体现以寺院作为曼荼罗的理念（图 4–8、图 0–9）。桑耶寺中央的乌策大殿象征须弥山，东文殊殿、南马头明王殿、西慈尊殿、北慈悲殿为四大部洲，四方还设置八个小殿以象征八小洲。乌策大殿北侧设月亮殿，南侧设太阳殿。此外，寺院四角还建造白、红、黑、绿四种佛塔，形

图 4-8　桑耶寺鸟瞰图

Pierre Pichard and François Lagirardeed., *The Buddhist Monastery: A Cross-Cultural Survey.* Paris: École française d'extrême-orient, 2003, p.285

制各异，以象征四大天王。寺院外围有城墙环绕，早先是折形围墙，象征世界边界的铁围山，在后来的维修中改为圆墙。墙四方设四门，其中东门为主要出入口。

正殿乌策大殿坐西朝东，中心建筑为绕建礼拜道的方形佛堂，第一层佛堂前设经堂，第二层佛堂之前附设平台，此二层佛堂之上设暗层，其上再为重檐大阁。此阁与其外四隅各建一攒尖顶的幢式建筑，构成以阁为中心、四顶环峙的形制。中心建筑外侧绕建内匝礼拜廊道，礼拜道南、西、北三面的中部又各建并列的三间殿堂，将外墙向外推出一间，形成面阔三间的突出部分，除西面封闭外，南北两面开门，同正门一起形同阇城的四门。

桑耶寺在西藏几次灭佛中被毁，如今除了保持初建时的整体布局外，单体建筑中只有中央乌策大殿和十二洲中少数殿堂尚保存较早形制。这类以曼荼罗形制为原型的寺院设计，流行于印度帕拉王朝时期的大型佛寺中。桑耶寺明显是这种佛寺形式影响下的直接产物。如今帕拉王朝著名的索玛普利寺和超岩寺遗址均已完成考古发掘，两者平面形制基本一致。以保存较好的索玛普利寺为例（图 4–9），全寺作一方形大院，四边由众多的僧房围合而成，每边中央置门，院落中央则有巨大的十字形精舍。精舍的上部损毁严重，但大致可以辨认出有金字塔状的高耸结构，四个方向皆突出作佛殿，周边围绕两重礼拜道，这与桑耶寺乌策大殿的布局是一致的。至于桑耶寺所仿效的印度奥坦陀布黎寺，近年考古学者利用卫星地图和 GIS 信息也找到了一些线索：在那烂陀寺遗址附近发现了一处大型建筑基址，在方形地基的四隅各有一处建筑，其呈现的空间关系与桑耶寺布局（主殿与四塔）相当类似。由于此处被认为是失落已久的奥坦陀布黎寺[①]，可以证实帕拉王朝时期的印度佛寺新平面布置已经反映在桑耶寺的设计中。

当然，以曼荼罗状的世界构成来组织佛寺布局，在 8 至 10 世纪的佛教世界已成为一种潮流，其影响力甚至远达印度尼西亚，如著名的婆罗浮屠即是以密教的曼荼罗为寺院设计蓝本。这一形式与吐蕃帝国相始终，出现在承继吐蕃帝国传统的古格王朝的皇家佛寺托林寺中。10 世纪末修建的该寺主殿朗巴朗则拉康是一座象征曼荼罗坛城的建筑，由一间中心方殿，以及四面各一座的殿堂组成平面“亚”字形的主体建筑[②]。其外南、西、北三面有一圈露天礼拜道，道之外再建一圈建筑，东面三间连接主体建筑，其余三面各五间，共合十八间殿堂。其中四个正方向的殿堂稍大，象征四大部洲，之间的小殿象征八小洲，外圈建筑的四隅各有塔楼，象征四大天王。从建筑形制看，托林寺的主殿乃是将桑耶寺一组建筑群的设计思想和内容组织在一幢建筑之中。

---

① Rajani, M. B. “The Expanse of Archaeological Remains at Nalanda: A Study Using Remote Sensing and Gis.” *Archives of Asian Art* 66, no. 1, 2016, pp.1–23.

② 陈耀东：《西藏阿里托林寺》，《文物》1995 年第 10 期。

图 4-9　索玛普利寺平面图

Debala Mitra, *Buddhist Monuments*. Calcutta: Sahitya Samsad, 1971, fig.11

第二节 格鲁大寺

藏传佛教自9世纪中叶朗达玛灭佛之后一度沉寂，直到10世纪下半叶才再次兴起，史称“后弘期”。在11至13世纪，后弘期之佛教先后形成宁玛、噶当、萨迦、噶举诸派。元末明初之际，宗喀巴大师（1357—1419）提倡遵守佛教戒律，规定学佛次第，制定僧人的生活准则和寺院的组织体制，创立格鲁派，并在西藏取得绝对优势。也正是在15世纪格鲁派兴起之际，藏传佛教寺院发展成熟，形成了满足学修体系的特定建筑模式，其标志性的事件即是多座格鲁派大寺（甘丹寺、哲蚌寺、色拉寺、扎什伦布寺）的兴建。

在格鲁派大寺的成熟形式诞生之前，藏传佛教的寺院建筑经历了一系列的发展变化。其中对后世影响最大的，是主殿建筑由单纯的供佛礼拜场所演变为集会大殿。15世纪格鲁派四大寺兴建时，作为寺院中心的措钦大殿和扎仓已形成一种固定形式，即由门楼（底层廊通称为“门廊”或“前廊”）、经堂、佛殿三部分组成。前部门楼二层，底层门廊进深二间，双排柱，于门廊左侧设置楼梯。中部为经堂，面积大小不一，开间为奇数，七至十七间不等，当心间稍阔，进深间数则不限奇偶，五至十三间不等。经堂屋顶的中部高起为天窗，天窗或为平顶或覆以金顶。佛殿一般设置在经堂后部，有时经堂两侧亦设有佛殿。经堂后部的佛殿为二至四层，高出经堂屋顶二至三层。顶层佛殿之上常有金顶，强调建筑的纵轴线。具有门楼和经堂的大殿形式已是15世纪以后西藏地区佛寺的通用形式，即使在大昭寺、小昭寺等吐蕃早期佛寺中，也有后世在原有建筑之上增建的经堂，可以说任何稍稍了解藏传佛寺的人，对这样的佛寺都不陌生。

从历史发展来看，具有经堂和门楼的佛殿至迟在与托林寺大约同时建成的印度塔波寺中已经出现。此时的经堂虽有聚集的功能，但更类似一座佛殿；四壁满布金刚界诸佛的浮雕和华严经《入法界品》的壁画与佛堂所供奉的大日如来形成互补的像设关系，空间昏暗，并没有为诵经等活动做特别的建筑设计（图 4–10）。13 世纪，萨迦派修建作为其政权中心的萨迦南寺时，出于安全防卫的需求，全寺采用了城堡式建筑格局（图 4–11）。其主体建筑呈长方形四合院式布局，正中的拉康钦姆（大经堂）、北侧的佛殿、银塔殿等殿堂围绕内庭院布置。拉康钦姆殿内有圆柱 108 根，中间出现了高敞的天井（图 4–12）。而到了 14 世纪的夏鲁寺和白居寺，门楼、前殿、经堂、后佛殿的组合更为密切，不再需要合院作为过渡，从平面形制到外观处理都已具格鲁派措钦大殿、扎仓形制的雏形。

格鲁派的甘丹、哲蚌、色拉、扎什伦布四大寺同以前的佛寺（藏语称贡巴 mgon-pa）相比，显得异常庞大，藏语将它们称作丹萨（gdan-sa），意为道场、大寺。四大寺实际上已是具有相当规模的村镇，也是西藏佛学的中心。四大寺都有各自的寺院经济和一套完整的组织机构。格鲁派寺院的组织机构分为措钦、扎仓、康村三级，相应地在建筑类型上也就有措钦大殿、扎仓、康村，此外还有灵塔殿、佛塔、活佛喇让、喇嘛住宅、辩经场、印经处、嘛呢噶拉廊等。

由这些因素所决定，四大寺的建筑格局虽然因地形和历史发展各有不同，然而其基本的空间逻辑具有一致性。如其位置皆位居城郊，这是因为格鲁派强调僧人戒律，规定僧俗分离，因而寺院都选择建在比较僻静之处。

以拉萨的色拉寺为例，此寺由宗喀巴弟子大慈法王绛钦却杰在 15 世纪初创建，位于拉萨市区北郊的乌孜山南麓（图 4–13）。色拉寺的早期建筑以麦扎仓、阿巴扎仓为主，后来又陆续增建了吉扎仓、措钦大殿等建筑。这四处主体建筑分散布置于寺中南北大道两侧：措钦大殿位于道之东；吉扎仓、麦扎仓、阿巴扎仓位于道之西（图 4–14）。措钦大殿是色拉寺的管理中心和主要集会场所，也是寺内最大的殿堂（图 4–15）。此殿底层经堂之后并建五室，中间三室为佛堂（拉康），内部连通。中室奉弥勒佛、八大菩萨；右室奉释迦牟尼，两侧为十六罗汉，前立四大天王；左室为内奉大威德金刚之护法堂。佛堂前设宽阔的二层经堂，宽十三间，深十间，中部用长柱顶起为天窗，可以采光。经堂前有与大天井相应的十四间门廊（图 4–16）。大殿的殿顶为汉式风格的歇山式顶，覆以鎏金铜瓦。吉扎仓是该寺扎仓中最大者，其集会殿之经堂宽十间，深十一间，规模仅次于措钦大殿而形制与其布局类似。吉扎仓下统有二十一座康村。康村规模较小，无佛堂，只具门楼与经堂，一般在经堂后壁之前布置佛龛。

图 4-13　1938 年的拉萨色拉寺

次旺仁青：《色拉大乘洲》，民族出版社，1995 年，第 2 页图

图 4-14　色拉寺平面图

潘谷西主编:《中国古代建筑史·第四卷·元明建筑》, 中国建筑工业出版社, 2009 年, 图 6-75

图 4-15　色拉寺措钦大殿

次旺仁青：《色拉大乘洲》，民族出版社，1995 年，第 10 页图

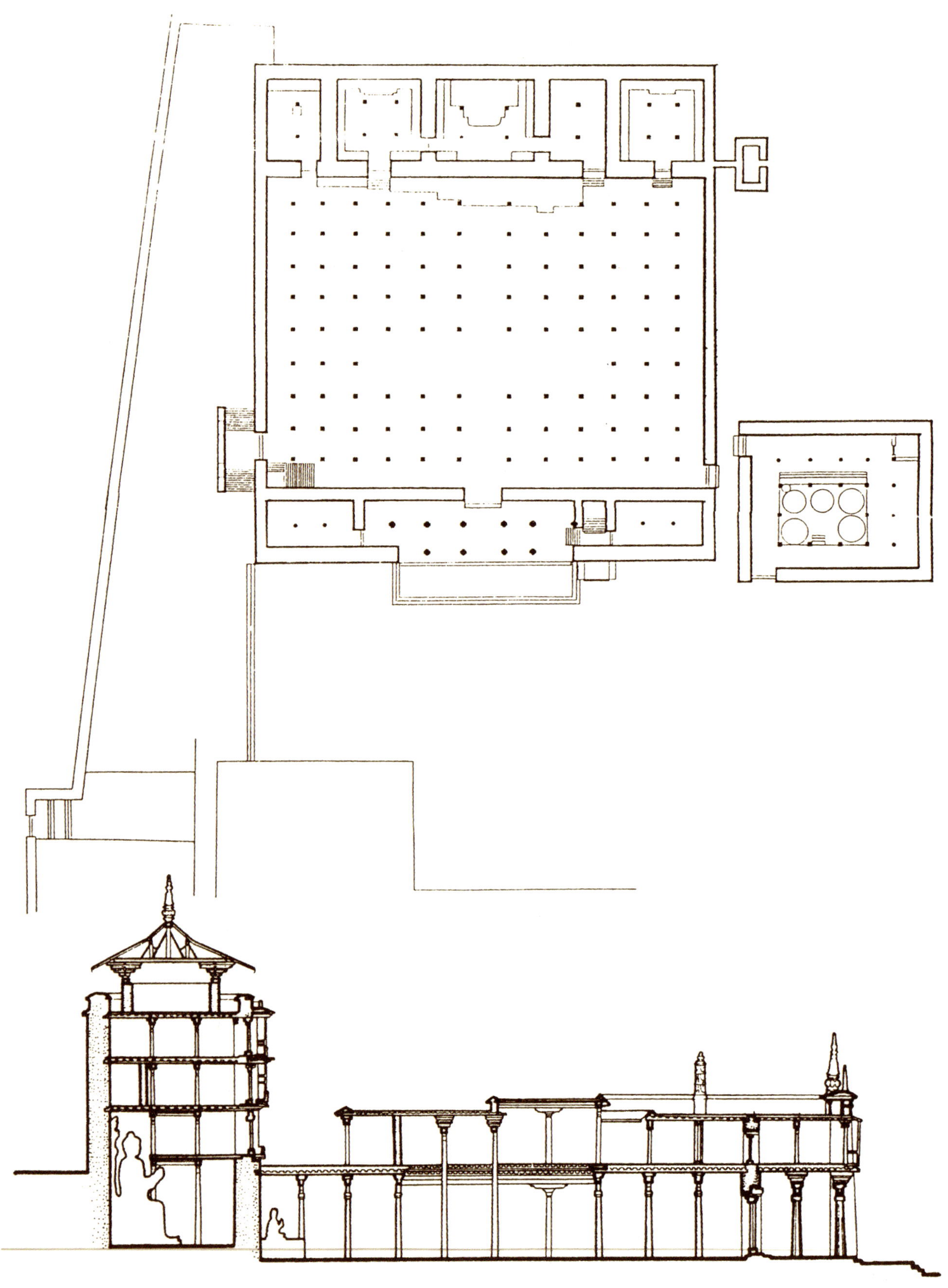

图 4-16 色拉寺措钦大殿平剖面图

次旺仁青:《色拉大乘洲》，民族出版社，1995 年，第 188 页图

图 4-17　那烂陀寺鸟瞰图

故此，可知格鲁派大寺的布局在精神上承袭印度笈多王朝和帕拉王朝摩诃大寺的特征。而两者的传承关系，与吐蕃时期全盘复制印度空间形制的方式有所不同，而是经由一种修道体系和寺院制度上的一致所实现的。如在义净 7 世纪的记载中，那烂陀寺被认为是由八座寺院组成的，每一个僧院皆有自己的僧团机构与制度。与该寺的遗址比较，可知每一座方形的毘诃罗僧院即是一个机构（图 4–17、图 4–18）。格鲁派寺院中将这种类似大学学院的机构更加细化，因此虽然扎仓与毗诃罗在建筑上完全不同，但在精神上却是相通的。

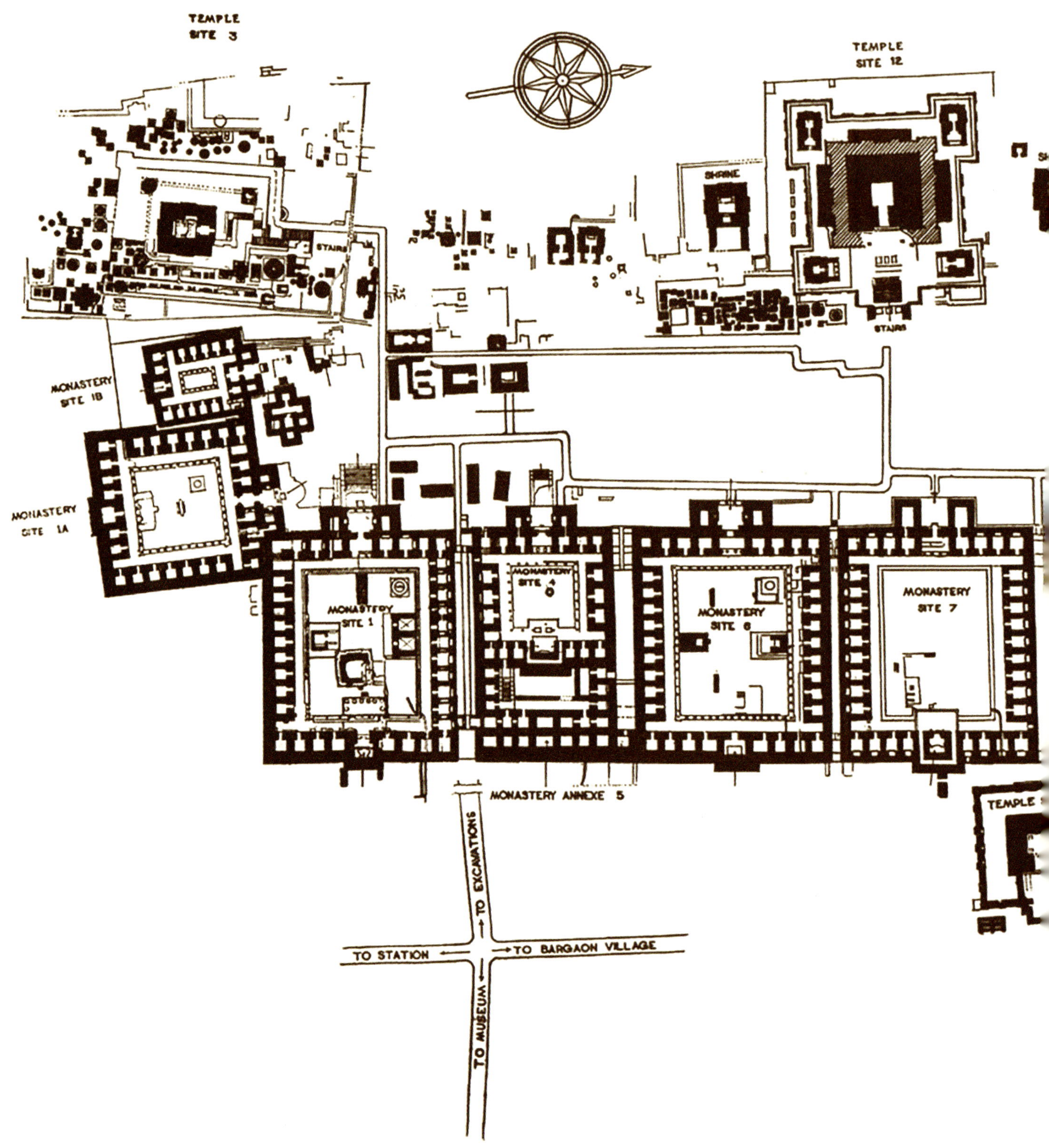

图 4–18　那烂陀寺平面图

Bhāskaranātha Miśra, *Nālandā.* Delhi:B.R.Pub.Corp,1998, p.198

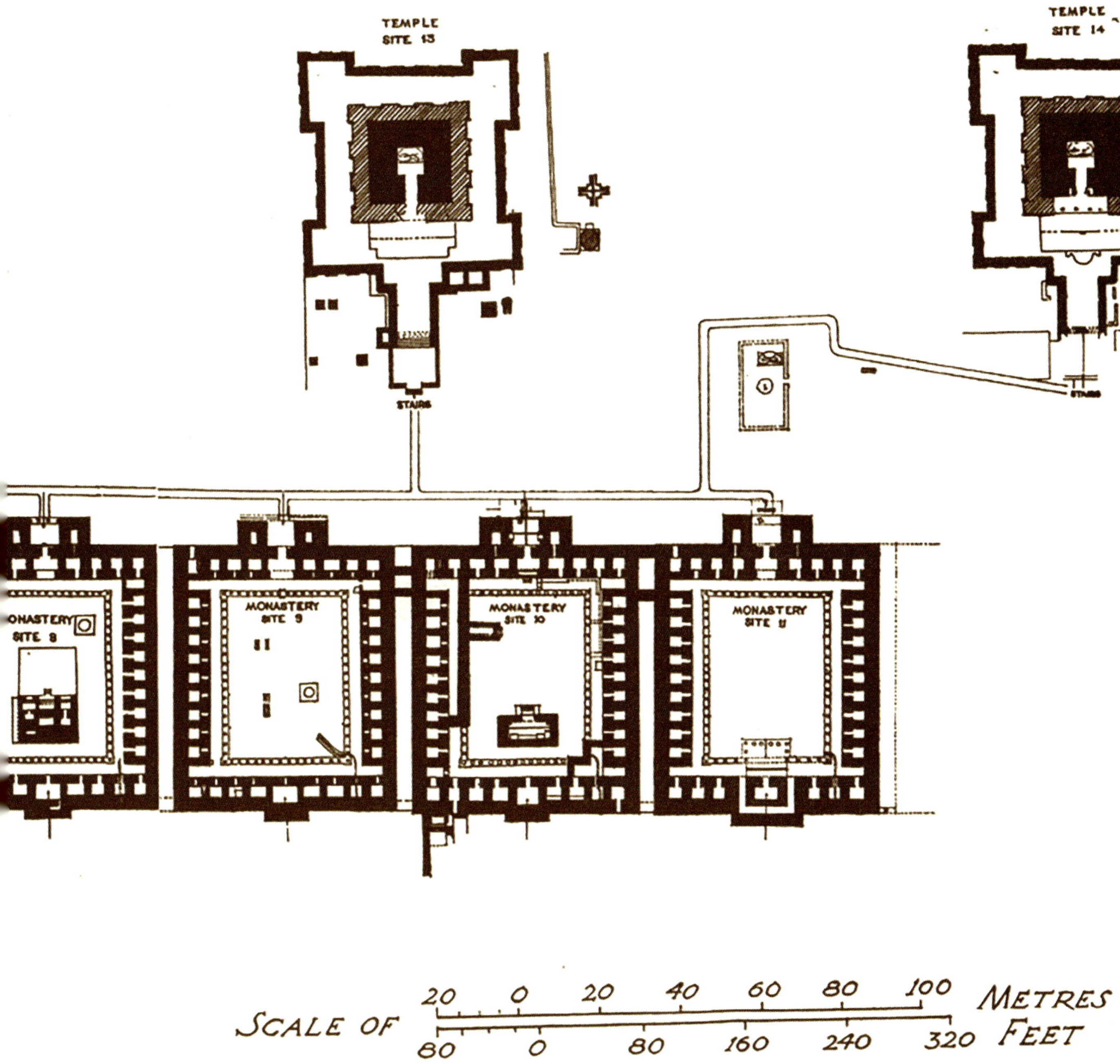

TEMPLE
SITE 13
TEMPLE
SITE 14
STAIRS
STAIRS
MONASTERY
SITE 8
MONASTERY
SITE 9
MONASTERY
SITE 10
MONASTERY
SITE 11
SCALE OF
20 0 20 40 60 80 100 METRES
80 0 80 160 240 320 FEET

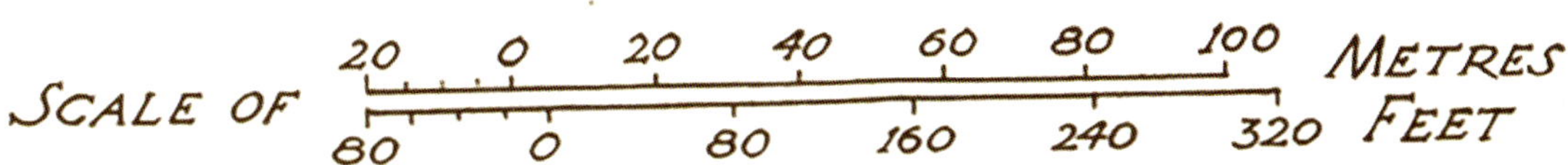

第三节

汉骨藏魂

随着元朝统治者对萨迦派的大力扶持和倡导，藏传佛寺开始在西藏以外的地区发展。元朝的历代君主们在大都建有众多佛寺，如忽必烈在高梁河建大护国仁王寺、在城内建大圣寿万安寺；成宗建大天寿万宁寺；武宗在城南建大崇恩福元寺，又建大承华普庆寺；仁宗建承华普庆寺；英宗建寿安山佛寺；泰定帝建大天源延圣寺；文宗建大承天护圣寺。在这些规模较大的佛寺中，有相当部分风格属于藏传佛教，然而皆未能保留下来，其完整的建筑形制也难以为后世所知。根据日本学者近年对历史文献的研究，在元代皇室所建的佛寺中，西藏形制的佛塔占据重要地位，如妙应寺内现存的元代释迦舍利灵塔。寺院多设有城壁，四角建角楼，呈现出萨迦寺那般类似城堡的格局；然而就整体布局来看，虽然这些皇室修建的佛寺大体上融合了汉藏的特色，具体来看却似乎并无一定的规律可循。[①]

继元代政权而起的明朝，皇室维持了崇奉藏传佛教的政策，在京师亦修了不少敕建的佛寺。萨满教的长生天一度重新占据退出内地的蒙古人的信仰主要地位，直到两百年后，第三世达赖喇嘛来到蒙古地区，才使得藏传佛教（以格鲁派为主）再次传入蒙古地区并开始真正被广大蒙古民众接受。清军在入关以前，努尔哈赤已经确立用藏传佛教怀柔蒙藏的政策。统一中国以后，清代统治者更将北京和五台山发展成为内地的藏传佛教中心。清康熙三十年（1691）多伦会盟以后，清廷开始于蒙古地区大量修建藏传佛寺，除了将章嘉呼图克图驻锡的多伦和哲

① 福田美穂:《元朝の皇室が造営した寺院チベット系要素と中国系要素の融合》,《種智院大学研究紀要》2008年第9期。

布尊丹巴呼图克图驻锡的库伦发展成蒙古的两大佛教中心以外，还在各旗敕建佛寺。此外，康乾时期为了“绥靖荒服，柔怀远人”而着力营造热河避暑山庄，山庄的北面及东面修建的12座规模宏大的藏传佛寺皆仿效蒙藏地区不同佛寺为原型加以改造和重新阐释，它们是别具政治和宗教象征意义的特殊形式，将在下一节“重构圣域”中做详细介绍。

对于西藏本土以外的藏传佛寺而言，中原王朝的空间原则从一开始便深刻地影响了它们的形制。所谓中原王朝的空间原则，是指总体布局遵循沿中轴线左右对称、主体建筑置于中轴线后部、南北依次展开的方式。现存最早的实例——青海乐都瞿昙寺即是这样的格局。瞿昙寺由噶举派僧人三罗喇嘛创建，以明太祖朱元璋敕建赐名为始，继经明成祖朱棣、仁宗朱高炽、宣宗朱瞻基的踵事增华而终具规模，前后经历了三十多年的营建。[①] 瞿昙寺由三进院落组成，以回廊环绕；沿进深方向序列在中轴线上依次有瞿昙殿、宝光殿和隆国殿，作为完整的佛寺建筑群体，尚有山门、金刚殿、小鼓楼、小钟楼、大鼓楼、大钟楼、回廊及御碑亭等建筑（图4–19）。

瞿昙寺主体建筑的组群布局具有十分强烈的汉传佛教佛寺建筑特色，沿着一条南向偏东的中轴线，坐北朝南地纵深展开，自南而北，序分为空间层次十分丰富的外院、内院和后院共三进院落。外院匝以红色寺墙，前带八字影壁的山门位于中轴线南端，为全寺的入口。院内偏北，东、西各有御碑亭一座，相对峙立。整个外院，包括角门在内，仅五座建筑，空间舒朗宽旷。

内院主轴线上有金刚殿居前，进入该门殿，其后序为瞿昙殿和宝光殿，是内院的主体建筑。两主殿左右共建有四座小配殿和四座喇嘛塔。最外侧，居东为小鼓楼，其下为三世殿；与之对称，西面建有小钟楼和护法殿。两者各以廊庑南接金刚殿两翼，围合成内院，并向后院延伸。和外院相比较，内院的建筑较为密集，鳞次栉比，空间层次丰富。后院在宝光殿以北，地势高起，另成一区。循内院两侧小鼓楼和小钟楼北随地势上升的斜廊前行，可至后院。宽敞的庭院北面，居中有隆国殿为全寺建筑空间序列的结束，形制是一派皇家殿堂风貌，雍容大度，巍峨壮丽，冠于全寺，其东、西分别为造型端庄的大鼓楼和大钟楼相环护映托，并有两翼抄手斜廊呈向上朝拱之势与之左右相属，更大大强化了隆国殿作为建筑组群重心的宏伟气势。这一布局意象，实际是仿自明代北京紫禁城的奉天殿（即清太和殿）并两翼抄手斜廊及文楼、武楼原制。

① 吴葱：《青海乐都瞿昙寺建筑研究》，天津大学硕士学位论文，1994年。

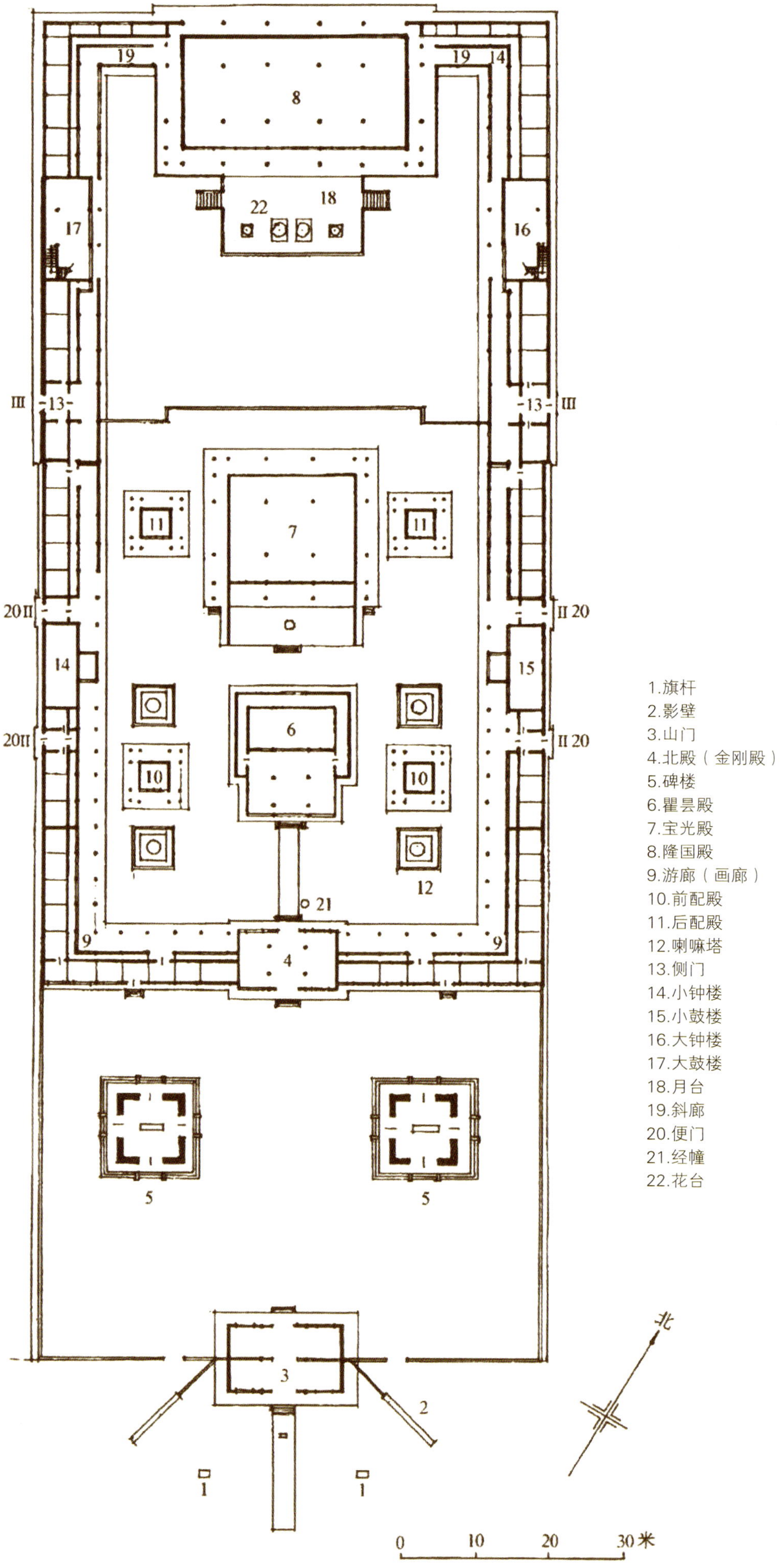

1.旗杆
2.影壁
3.山门
4.北殿（金刚殿）
5.碑楼
6.瞿昙殿
7.宝光殿
8.隆国殿
9.游廊（画廊）
10.前配殿
11.后配殿
12.喇嘛塔
13.侧门
14.小钟楼
15.小鼓楼
16.大钟楼
17.大鼓楼
18.月台
19.斜廊
20.便门
21.经幢
22.花台

图 4-19　瞿昙寺平面图

潘谷西主编：《中国古代建筑史·第四卷·元明建筑》，中国建筑工业出版社，2009 年，图6-89

藏传佛教在青藏高原兴起壮大，随后传播至蒙古人中间，充溢其政治与社会生活的各个领域，因此人们经常把蒙藏两地视作一个“佛教共同体”，然而实际上两者之间依然存在着巨大的不同。拉萨、日喀则那些巨大的碉楼式寺院及其幽暗狭窄的殿宇，与呼和浩特、包头的召庙虽然同样属于格鲁派传承，而且地理环境也非常近似，但在空间氛围上有着极大的差异[①]。从历史发展来看，明代蒙古地区绝大多数的寺院虽然也和瞿昙寺一样是对称格局的，但是其最明显的特征是在中轴线的后部，布置一个藏汉结合的主体建筑大经堂，如呼和浩特乌素图召的庆缘寺、席力图召（图 4-20）、大召、小召，包头美岱召（图 4-21、图 4-23）。至于单体建筑最引人注目的是大经堂的主体即集会殿（所谓“都纲”），因为它的变化最为丰富，最能体现藏式和汉式风格的融合，有些形式已成为蒙古地区藏传佛教寺院特有的形式。典型的藏汉结合式的集会殿，平面形制沿袭西藏地区佛寺的措钦大殿模式，即平面由门楼、经堂、佛堂三部分组成，而在外观上反映出更多的汉式建筑特色。其门楼、经堂、佛殿之上皆覆以汉式殿宇，形成三个大屋顶几乎相连的状况，其典型实例如包头美岱召大雄宝殿（图 4-22）。我们可以认为，汉族的建筑文化赋予了这些佛寺基本的空间结构，但是由于蒙古佛教基本沿袭西藏地区格鲁派寺院一整套的管理体制，其核心建筑大经堂则沿袭了西藏地区格鲁派寺院措钦大殿的功能。因此，可以用“汉骨藏魂”一词来总结明清时期西藏地区以外藏传佛寺的基本特征。

总的来看，除了少数采用西藏自由式布局的佛寺外（如包头五当召），明清时期蒙古地区的藏传佛寺各建筑物之间一概遵循沿着中轴线左右对称、南北依次展开的原则。这一原则的背后是深刻的宇宙观和政治文化隐喻：蒙古地区的寺院空间仿效的对象不再是拉萨，而是京城和华北。在藏传佛教特别是格鲁派的论述中，连接西藏与蒙古的佛教由佛陀成道的菩提伽耶金刚座发源，教化四外边地。这是一部神圣历史，而西藏在这神圣叙事中取代印度成为新的佛教中心和圣地。然而，代表明清皇帝意志敕建的蒙古佛寺，乃是天朝体系向四夷教化的产物，实现的是中原王朝的庙堂构造，它如此深刻地区别了西藏与蒙古之间的所谓“佛教共同体”，使之不具有相同的神圣空间。

---

① 李勤璞：《景观转换：蒙古地区喇嘛寺院建筑样式和空间构造》，《西部蒙古论坛》2015 年第 4 期。

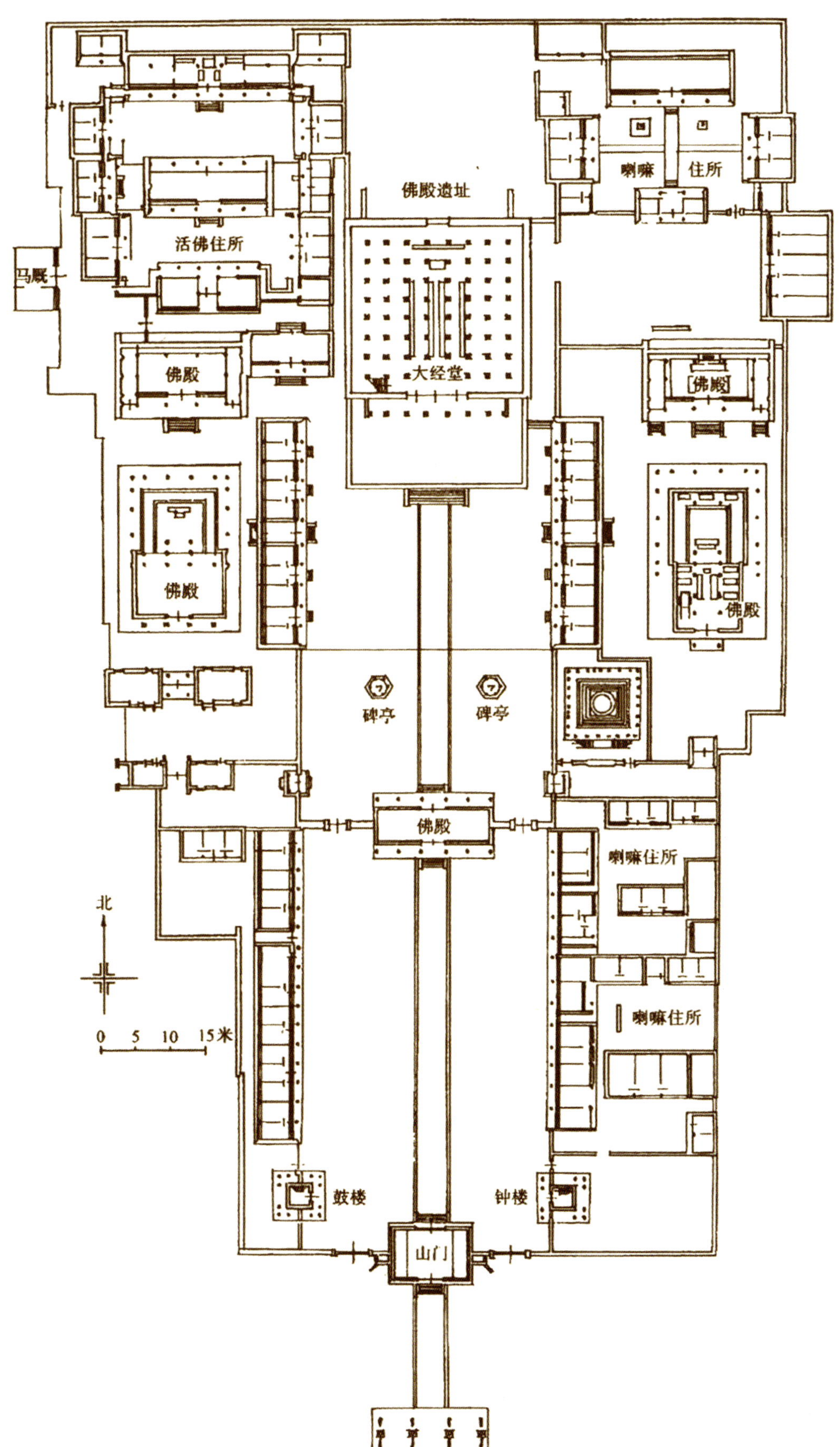

图 4-20 席力图召平面图

潘谷西主编:《中国古代建筑史·第四卷·元明建筑》，中国建筑工业出版社，2009 年，图 6-90

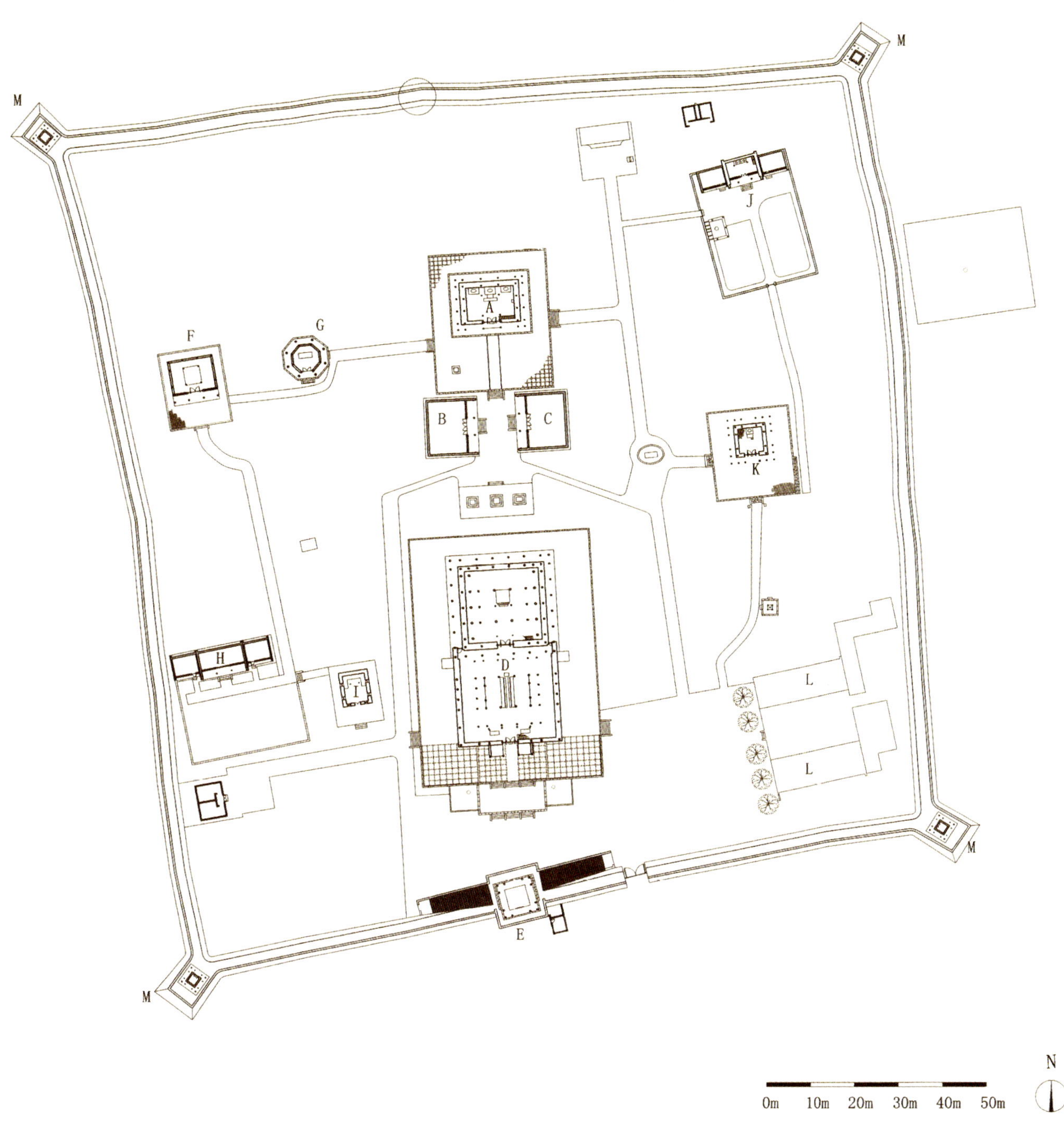

A.琉璃殿　　E.泰和门城楼　　I.乃琼庙　　M.角　楼
B.法物流通处　　F.西万佛殿　　J.达赖庙
C.罗汉堂　　G.八角庙　　K.太后庙
D.大雄宝殿　　H.佛爷府　　L.游客中心

图 4-21　美岱召平面图

张鹏举主编:《内蒙古藏传佛教建筑》，中国建筑工业出版社，2012 年，第 338 页图

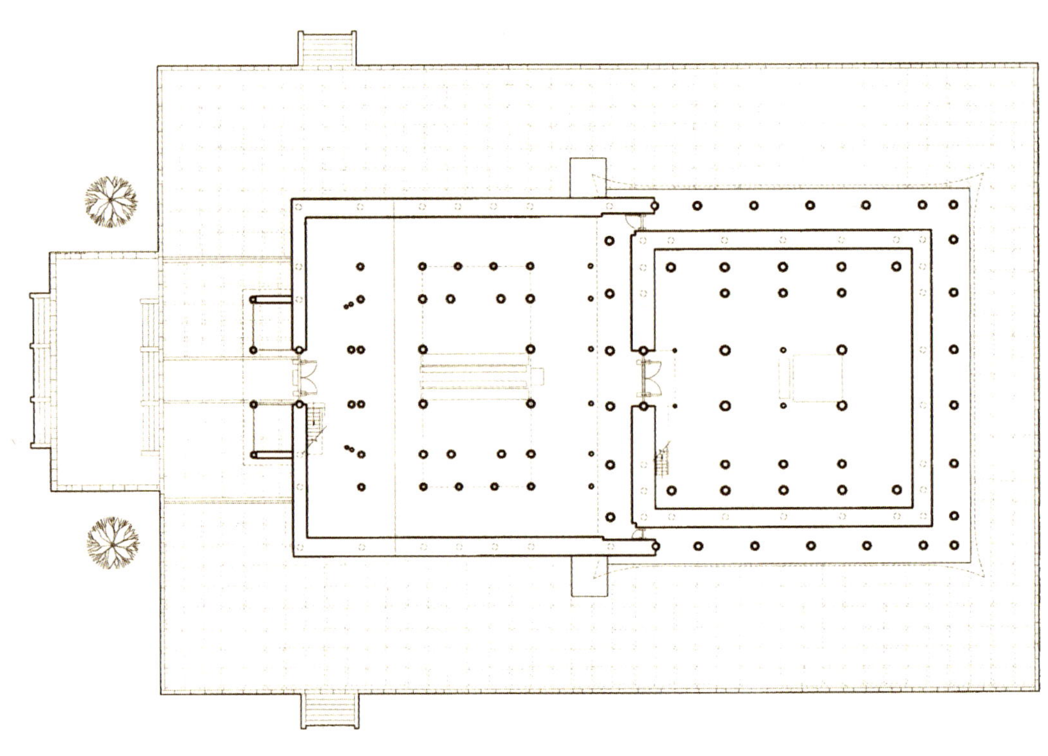

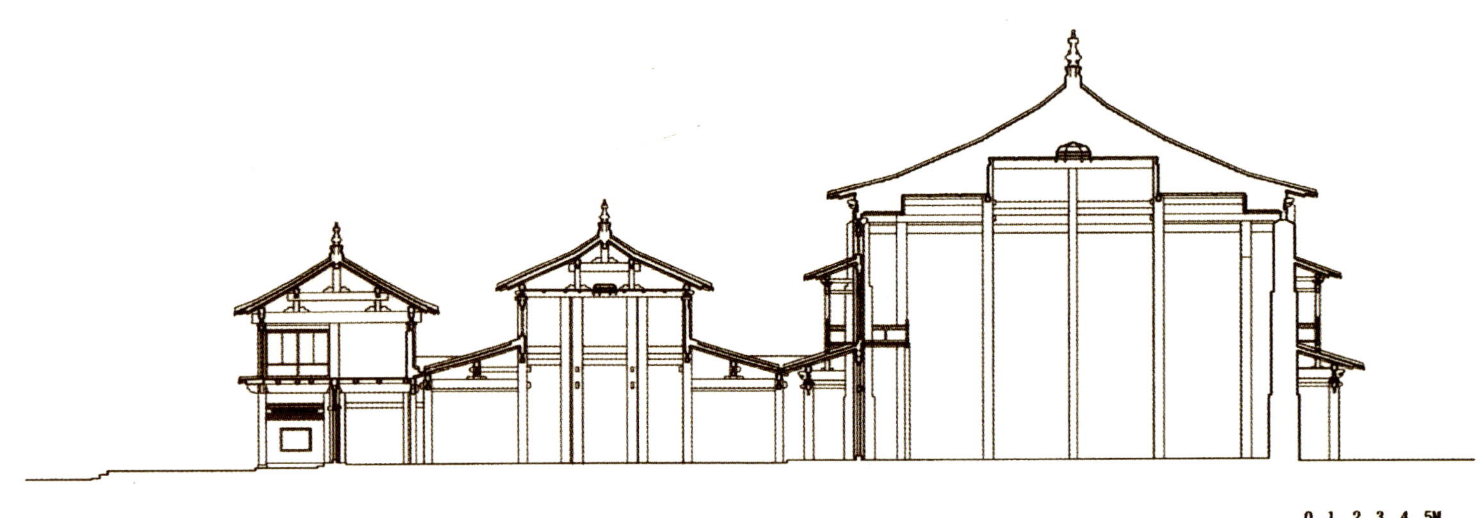

图 4-22　美岱召大雄宝殿平剖面图

王磊义、姚桂轩、郭建中：《藏传佛教寺院美岱召五当召调查与研究》，中国藏学出版社，2009 年，图 5-10

图 4-23　美岱召全景

王磊义、姚桂轩、郭建中：《藏传佛教寺院美岱召五当召调查与研究》，中国藏学出版社，2009 年，图 1-1

第四节

重构圣域

虽然明清两朝的皇室皆参与到藏传佛教的弘传之中，然而两朝在具体实施上实有相当明显的差异。明皇室弘传藏传佛教，乃是通过封授萨迦、噶举、格鲁诸派宗教领袖，推行僧纲制度的方式来对其加强管理。其寺院的修建，皆由西藏地区僧人主持，皇帝并没有对建筑形式有特别的要求，更何况还有不受明廷控制的蒙古地区，故此时内地对称布局在藏传佛教建筑中的流行似乎是自觉的实践。囊括满蒙藏巨大区域的清帝国，其皇室参与藏传佛教的复杂程度则远远地超越了明代单纯的“施主与僧伽”的关系，它通过深度介入高僧活佛的册立过程，建立了与皇权紧密联系的宗教权威。清朝皇帝的蒙古大汗身份，其正当性不仅来自承继元朝天命的事实，还在于借由达赖喇嘛和班禅喇嘛所构建的藏传佛教王统观中，将中原皇帝等同文殊化身的宗教神圣性。清朝皇帝，特别是乾隆帝的藏传佛寺营建活动，旨在建立西藏以外的圣域，其建筑语言承载着表达多重政治和宗教意义的复杂目的，并非某种地区形式的简单融合。

清军入关后，最先于顺治九年（1652）在北京建西黄寺作为五世达赖喇嘛入京觐见时的驻锡之所。此后，在京城先后兴建了一批藏传佛寺，如弘仁寺（1665）、福佑寺（1723）、雍和宫（1744）、阐福寺（1746）、嵩祝院（1772）、西黄寺清净化城塔（1782）等，从而使北京成为一个内地的藏传佛教中心。出于怀柔蒙古的政治需要，康熙、乾隆年间在热河避暑山庄的北面及东面陆续修建了12座规模宏大的藏传寺庙。这些庙宇皆有一定的修建意义，或庆功，或宴赏，或为达赖、班禅来热河的驻居之所，或为内迁之少数民族的礼佛之处，等等。其中很多寺庙皆仿效蒙藏地区某地寺庙的形制。此外，康熙和雍正分别在内蒙古的多伦和喀尔喀蒙古的库伦建立汇宗寺和庆宁寺，二者分别成为内外蒙古的佛教中心。

分析明清时期西藏以外的藏传佛寺布局，若将其一以贯之的内地空间原则视作王朝在边陲推广自身文明与教化的意愿的话，那么相对的，清代佛寺中出现的新发展，包括诸多西藏原型的借用、转化与再创作，既昭示着清朝能够涵纳不同文化的博大，也在统治中心建立了新的神圣景观。乾隆时期以前的藏传佛寺营造活动，以北京西黄寺、多伦诺尔汇宗寺与善因寺、库伦庆宁寺为代表，其总体布局和单体建筑的形制均采用汉族寺庙形式。如将主要殿堂建在中轴线上，配殿及钟鼓楼等对称地布置在两厢，形成重重院落。这些建筑特点在明代蒙古的藏传佛寺中，如呼和浩特的乌素图召、席力图召，以及包头的美岱召，已经成为一种传统。其间值得注意的革新变化在于寺院的核心建筑大经堂都纲殿，其平面格局不再循守格鲁派门楼－经堂－佛殿的扎仓模式，而是转为向心形的布局：殿平面方形，面宽多为七间，高二层，每一边作为向外开放的回廊，进深三间。回廊环绕着中央的方一间歇山顶小亭，小亭四周设窗采光，不另设佛殿。这种类型的都纲殿，如今仅存于蒙古国库伦庆宁寺（图 4–24）。庆宁寺都纲殿四周回廊与正中的小亭是连续统一、没有分隔的“满堂柱”空间，小亭之屋盖仅与回廊屋盖接续而并不落地，佛像置于四壁龛内。[①]

这种形态的都纲殿与西藏和之前蒙古的案例相比，在设计上远离了功能主义的布局倾向，有意识地利用佛教神圣空间的几何图案加以改造，建筑形态的象征意味愈加强烈。借用法国学者伊莎贝尔·沙勒（Isabelle Charleux）的定义，可将这些带有四面回廊的都纲殿称为“清皇室的曼荼罗式建筑（Qing Imperial Mandalic Architecture）”[②]。回廊式都纲殿在乾隆时期进一步发展，更多的宗教元素被置入，如诸神聚会的坛城、想象中的佛国宇宙、须弥山的五峰并峙等。这些原本停留在经文描写或缩微模型图案中的设想，突然呈现为气势庞大的空间艺术实体，给信徒以莫大的精神感受。

较早的实例为乾隆九年（1744）由亲王宅邸改建为藏传佛寺的雍和宫（图 4–25）。雍和宫的主体建筑被布置在一条南北轴线上，从南到北有牌楼、昭泰

① 杨煦：《重构布达拉——承德普陀宗乘之庙的空间布置与象征结构》，《建筑学报》2014 年第 9 期。

② Isabelle Charleux. Qing Imperial Mandalic Architecture for Gelugpa Pontiffs between Beijing, Inner Mongolia and Amdo. Eric Lehner, Alexandra Harrer & Hildegard Sint. *Along the Great Wall: Architecture and Identity in China and Mongolia*, IVEA-ICRA, pp.107–118, 2010.

门、天王殿、雍和宫、永佑殿、法轮殿、万福阁等主要建筑，两侧布置配属建筑，形成前后五重院落。位处全寺核心的法轮殿面阔七间，前轩后厦各五间，平面呈十字形，殿顶上的中心与四隅升起的五座呈中心对称的暗楼，既开明窗采光，又象征须弥山的五峰。法轮殿在清代文献档案中亦称“都纲”，可知等同于都纲集会殿。与康熙、雍正时期的回廊式都纲相比，法轮殿以屋顶的处理来强化已有的曼荼罗空间原型；此外，在殿中央安设佛座，不仅使经堂与佛堂合一，而且配合曼荼罗的意象使用了向心性的平面，彻底背离了原本纵轴线的布局。这一做法在承德外八庙中的普宁寺、普乐寺、普陀宗乘之庙及须弥福寿之庙中得到进一步的发展。

与之前北京和蒙古敕建的藏传佛寺相比，承德外八庙的这四座佛寺所仿效的对象并非某种概念化的空间形态，而是西藏具体一座具有特定建筑形式的寺院（图 4–26）。虽然因此它们在总体布局上有较大的差异，但基本的空间结构亦有一定规律可循。比如，四寺皆可分为前后两部分，前部如内地佛寺为对称布局，后部则对应所仿效的西藏寺院格局。普宁寺和普乐寺的前半部都是典型的汉传佛寺，中轴线上设山门、天王殿、大雄宝殿；后半部因仿效对象亦为中心对称的曼荼罗格局，因此与寺前部共有一条轴线。寺院前后部分所占比重接近。而普陀宗乘之庙和须弥福寿之庙因所仿效的寺院规模宏大且为自由式布局，必须依山而起才能达到类似的视觉效果，因此前半部的汉式布局较之前两寺来得简略；以御制碑石为中心，目的是为了贯彻帝国的教化，并非具有真实的寺院功能。而寺院后部虽因仿效自由式布局的原型，并无一条轴线，但又并不完全与原型雷同，仅存其意而已；绝大多数建筑的朝向一致，建筑主次分明。进入西藏地区大寺院的人，往往无法辨认哪座殿宇是寺中大殿，在这些敕建寺院中则不会这样。如普陀宗乘之庙，前列石桥、山门、御碑亭、五塔门、琉璃牌楼等建筑于平地上，轴线对称，而后部则是仿效布达拉宫的区域，前后寺院所占比重相差悬殊。下面就各寺模仿其原型的具体内容，在此做简单介绍。

图 4–24　蒙古国庆宁寺布局及都纲殿平剖面图

Isabelle Charleux, *Temples et monastères de Mongolie-intérieure*, Archéologie et histoire de l'art. Paris: Éditions du C.T.H.S., 2006, p.89

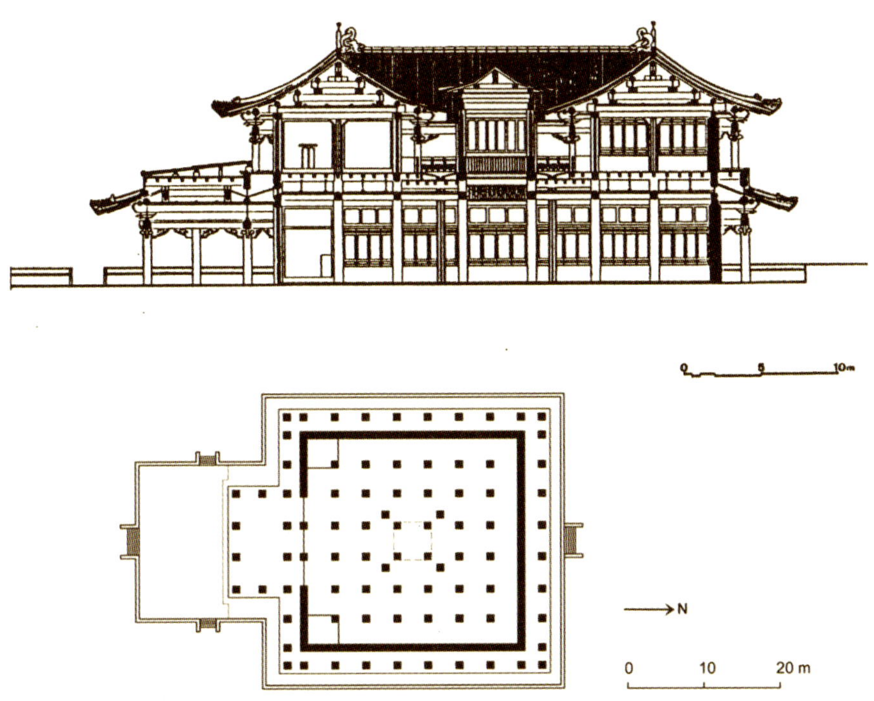
0 5 10m
N
0 10 20 m

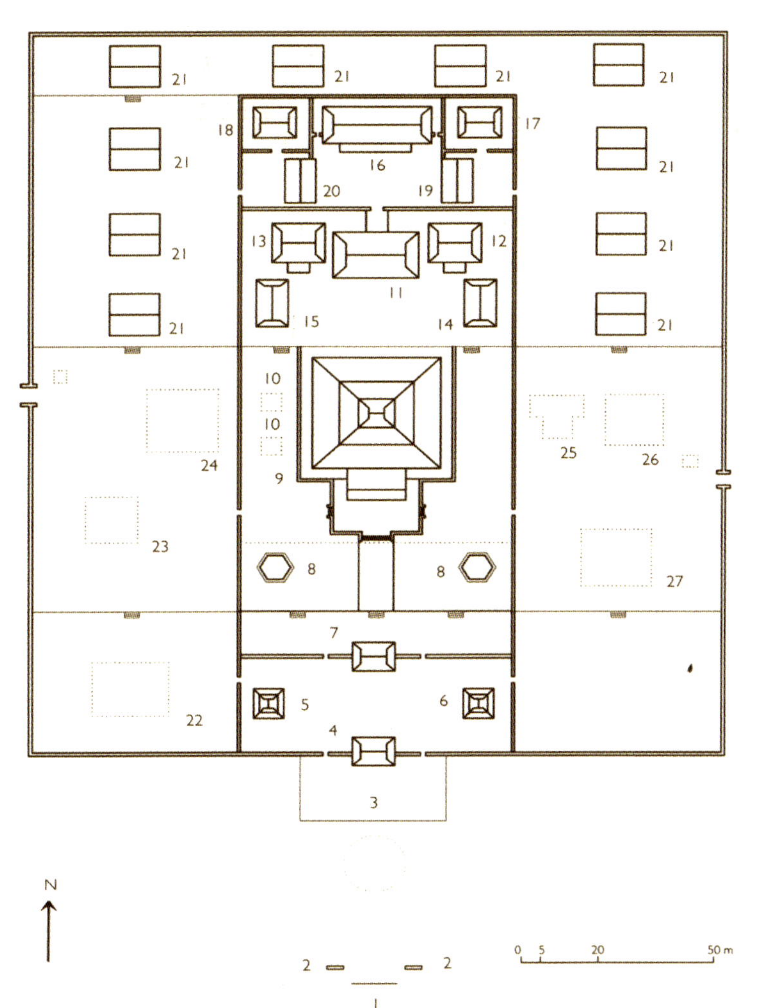
21
21
21
21
18
16
17
21
21
20
19
13
12
21
21
11
21
15
14
21
10
10
24
9
25
26
23
8
8
27
7
5
6
22
4
3
N
0 5 20 50 m
2
2
1

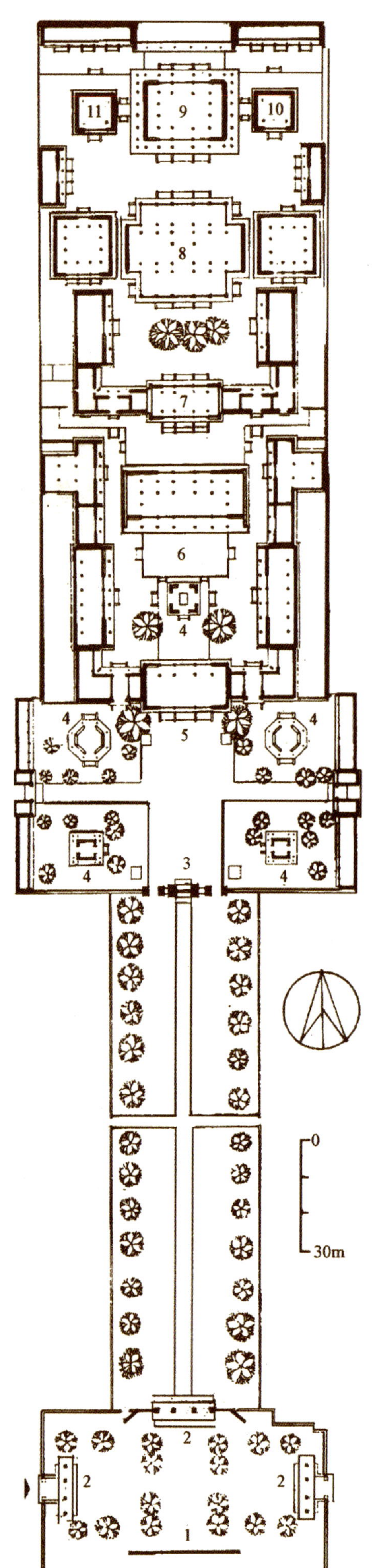

1.影壁
2.牌楼
3.昭泰门
4.碑亭
5.天王殿
6.雍和宫
7.永佑殿
8.法轮殿
9.万福阁
10.永康阁
11.延绥阁

左：图 4–25 北京雍和宫寺院空间平面图

孙大章主编：《中国古代建筑史·第五卷·清代建筑》，中国建筑工业出版社，2009 年，图 7–57

右：图 4–26 《热河行宫全图》，1875 年

United States Library of Congress's Geography & Map Division

普乐寺

乾隆三十一年（1766）建造的普乐寺，后部在轴线上建方形的群房，中央建两重方形高台，称为阇城；在第一层台四周，按四正、四隅建筑各种颜色的琉璃喇嘛塔八座；在第二层台上建圆形重檐攒尖殿阁，阁内中心立木制巨型立体坛城，其内供养一尊双身胜乐王佛像（图 4–29、4–30）。普乐寺布局的来源，虽建寺碑文中有章嘉国师阐释“大藏所载，有上乐王佛，乃持轮王佛化身，居常东向，洪济群品必若外辟重闉，疏三涂，中翼广殿，后规阇城，叠磴悬折，而上置龛，正与峰对者，则人天咸遂皈依”的文字，然而对阇城形制的来源并未详述。阇城内供奉的本尊上乐王佛（即密教无上瑜伽部母续本尊），其坛城曼荼罗的形制乃是方形之中有五重同心圆，最中心圆内立胜乐金刚与金刚亥母的双身像，这与普乐寺阇城极为相似，相信是其图像来源之一。藏传佛教中，阇城经常被做成模型或壁画、唐卡等置于殿内，而普乐寺却把它置于建筑群中，创造出新颖的寺院布局。

图 4–29　承德普乐寺全景图

Chinese Academy of Architecture. *Ancient Chinese Architecture.* Beijing: China Building Industry Press, 1982, p.171

普宁寺

建于乾隆二十年（1755）的普宁寺，乃依桑耶寺之式建造（图4–27、4–28）。寺后半部的山坡上砌筑陡壁金刚墙，台上仿效桑耶寺建造如同须弥山世界的总体布局。以具有五座屋顶的大乘阁为主体建筑，以此象征须弥山；主体建筑左右各建一座三间二层小殿，以象征日月；大乘阁四正面，各建一座平面形式各异的二层小殿，以象征四大部洲；在每洲的两侧，又各建一座平面形式不同的二层平顶建筑以象征围绕须弥山的八小部洲；大乘阁的四隅各建一座琉璃喇嘛塔，以象征四天王天；整座建筑群背后以弧形墙围护，象征佛国世界外围的铁围山。

可见普宁寺虽取法桑耶寺，但它利用了地势高差以突出主殿大乘阁，作了相当大的改变。桑耶寺是采用十字形轴线的平地寺院，以主殿为中心，四周建象征日、月、四大部洲、八小部洲、四天王塔等建筑或佛塔；外周有两道象征铁围山的圆形围墙，四面辟门，形成一巨大的圆形建筑群组。而普宁寺象征须弥山世界的部分更为强调南北向的轴线，可更好地展现主从各建筑的布局关系，强调出整体组群布局的宏伟气魄。

图4–27　承德普宁寺全景图

Laurence G. Liu, *Chinese Architecture*. London: Academy Editions, 1989, p.120

普寧寺
普佑寺
安遠廟
棒槌山
蛤蟆石
普樂寺
普善寺
溥仁寺
永佑寺
冷香亭
花神廟
清音閣
勤政殿

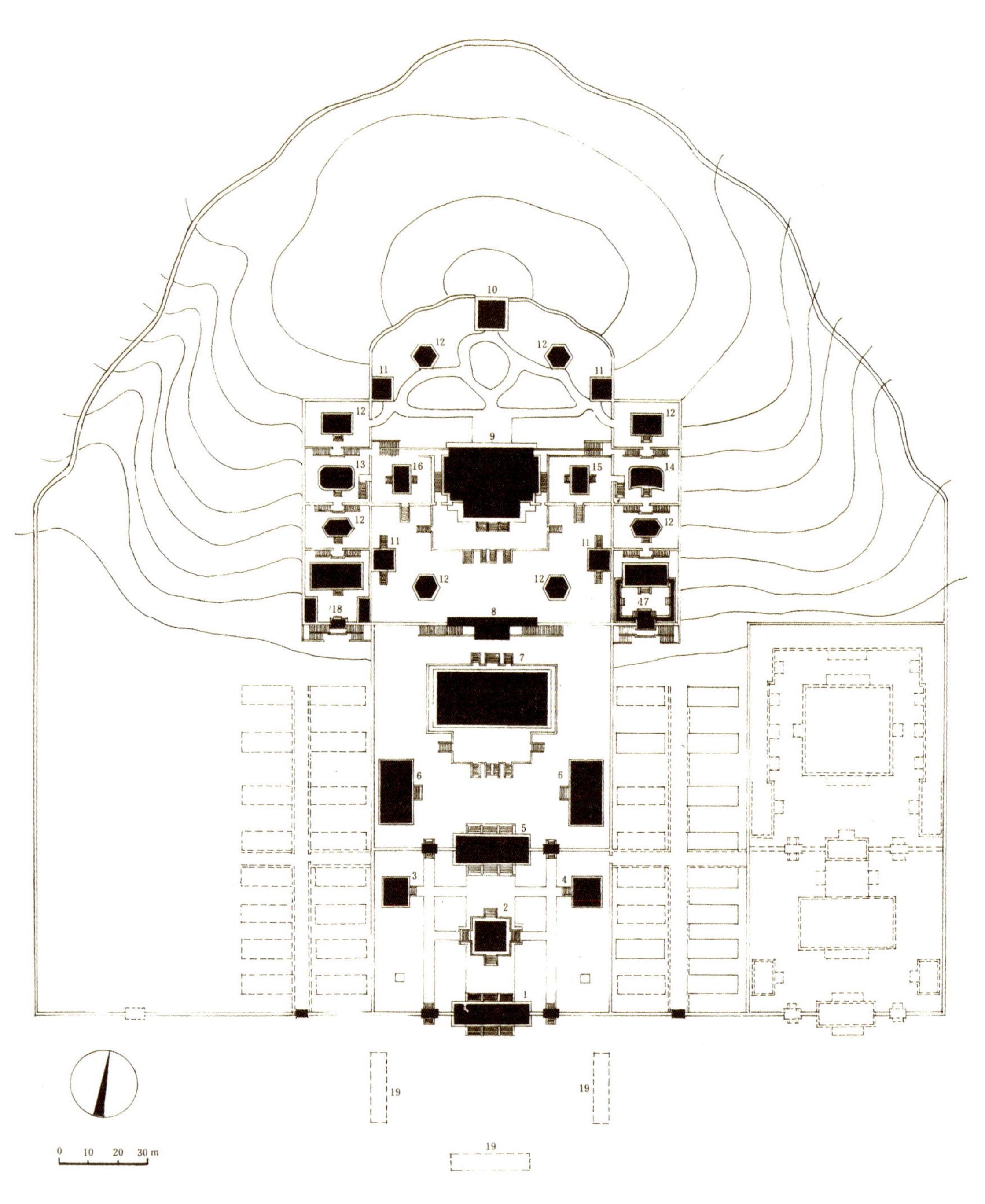

1.山门　2.碑亭　3.鼓楼　4.钟楼　5.天王殿
6.配殿　7.大雄宝殿　8.南瞻部洲殿　9.大乘阁　10.北俱泸州殿
11.喇嘛塔　12.白台　13.西牛贺洲殿　14.东胜神州殿　15.日殿
16.月殿　17.妙严室　18.讲经堂　19.牌坊遗址

图 4-28　承德普宁寺总平面图

天津大学建筑系编：《承德古建筑：避暑山庄和外八庙》，中国建筑工业出版社，1982 年，图 333

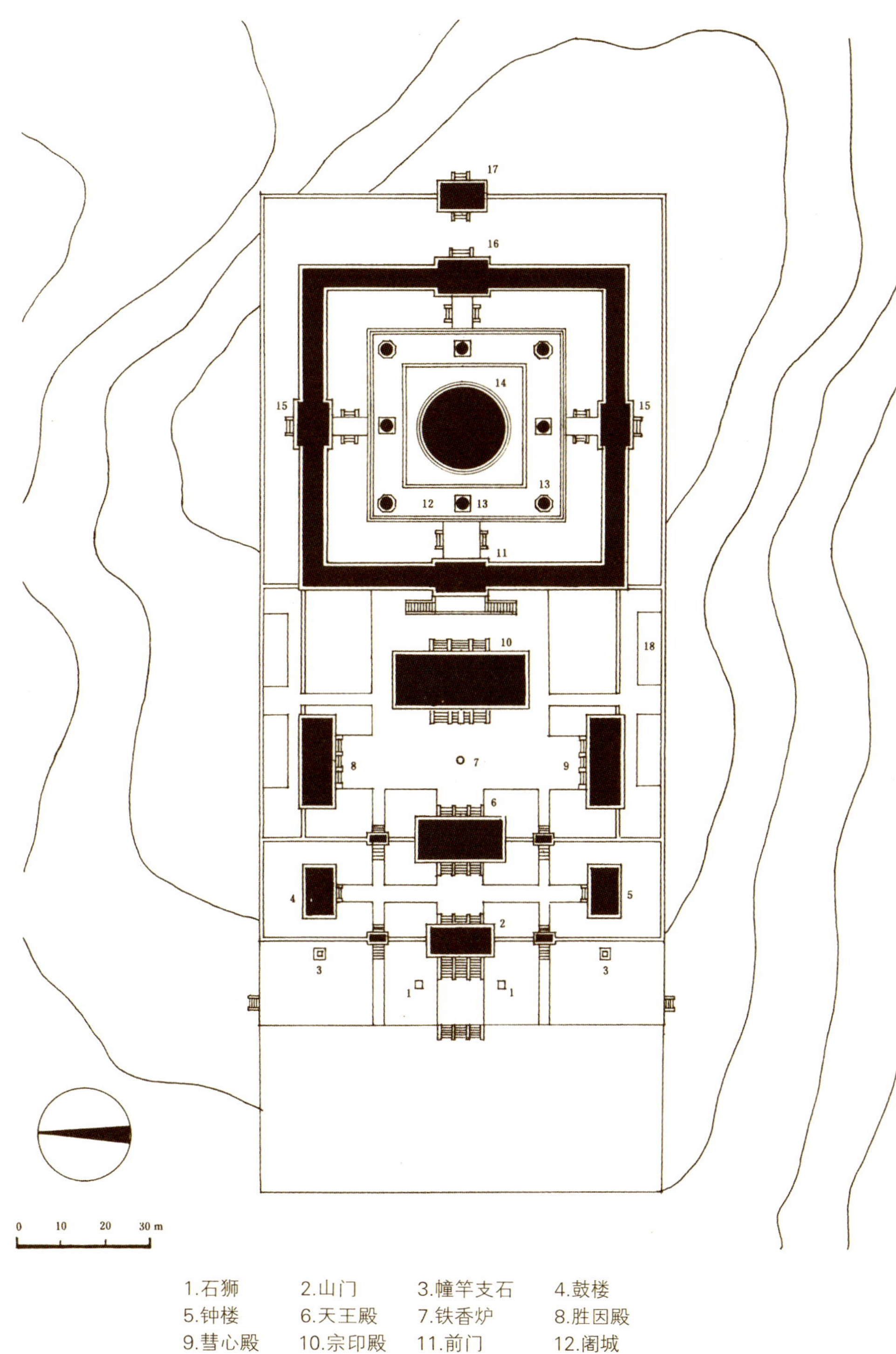

1.石狮　2.山门　3.幢竿支石　4.鼓楼
5.钟楼　6.天王殿　7.铁香炉　8.胜因殿
9.彗心殿　10.宗印殿　11.前门　12.阇城
13.塔　14.旭光阁　15.侧门　16.后门
17.通梵门　18.房

图 4–30　承德普乐寺总平面图

天津大学建筑系编：《承德古建筑：避暑山庄和外八庙》，中国建筑工业出版社，1982 年，图 391

普陀宗乘之庙

乾隆三十二年（1767）建成的普陀宗乘之庙，乃是乾隆皇帝令人仿效西藏布达拉宫之式而造（图 4–31、图 4–32）。庙建在北高南低的缓坡上，主体建筑大红台位于山巅，气势宏伟，山坡上散置若干座大小不同的平顶碉房式白台，其中有僧房也有佛殿，呈不规则的无轴线式排列。

大红台是普陀宗乘之庙的主体建筑，中部是都纲殿“万法归一”及其群楼，群楼顶部西北角上建重檐六角亭“慈航普渡”，东部是“落伽胜境”殿及其群楼、戏台，群楼东北角上建重檐八角亭“权衡三界”，西部为千佛阁，再西以一座独立的圆形平面碉堡形建筑结束（图 4–33）。这三组不同体量的建筑在山势起伏中连成一体，皆位于高 17 米的台基之上，台基墙面的外观设三层梯形盲窗，使建筑看起来显得更加高大，增强了碉楼式建筑的雄伟外观。而在台基的东南角，另有东西宽五间，南北深三间的“文殊胜境”一处（图 4–34）。

根据杨煦的研究，普陀宗乘之庙对布达拉宫的模仿乃是一种在布局和建筑外观层面的概念性模仿，其内部结构、建筑功能和象征意义均与布达拉宫有所不同。[①] 简而言之，乾隆帝通过整座普陀宗乘之庙最高处的六角亭“慈航普渡”与布达拉宫圣观音殿在空间位置和内部供奉上的直接对应，强调了普陀宗乘之庙作为观音道场与布达拉宫的等效性。其次，通过设置在布达拉宫未出现的文殊胜境楼，强调了文殊化身的清帝与观音化身的达赖喇嘛同等重要的地位。

更为精彩的则是乾隆帝在此处对回廊式都纲殿的再次改造，并将之推广成为成熟的帝国样式。普陀宗乘之庙的都纲殿是位于整个大红台几何中心的万法归一殿，它无疑是整个寺院的核心建筑。如同康熙、雍正二帝在蒙古敕建佛寺中的都纲殿一般，万法归一殿有着方形的平面以及四边具有回廊围绕的群楼，但群楼的柱廊由向外改为向内。此外，天井的中央置入一独立的重檐亭阁，与周边回廊在空间上各自独立，不再连续。亭阁的几何中心上设佛座，重大活动中亦设皇帝御座。这一变化的结果，使得都纲殿强调向心性的空间形态与其功能得到统一，也使“都纲”一词偏离了其原本指代，成为乾隆朝中期创造的全新的帝国建筑样式，并在后来的须弥福寿之庙和北京宗镜大昭之庙得到推广。

图 4–31　普陀宗乘之庙全景图

Chinese Academy of Architecture. *Ancient Chinese Architecture.* Beijing: China Building Industry Press, 1982, p.173

① 杨煦：《重构布达拉——承德普陀宗乘之庙的空间布置与象征结构》，《建筑学报》2014 年第 9 期。

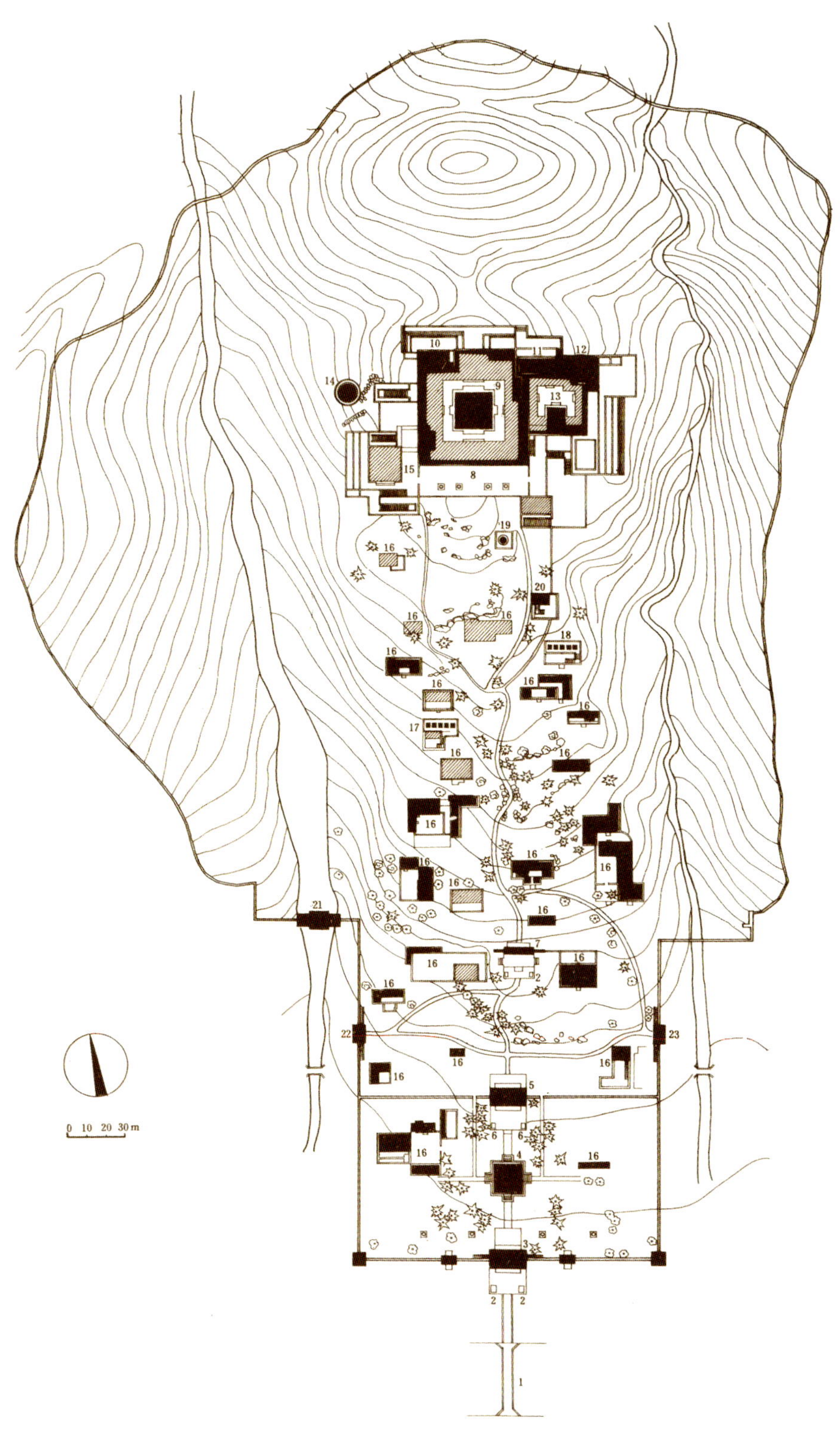

1.石桥	2.石狮	3.山门	4.碑亭	5.五塔门
6.石象	7.琉璃牌坊	8.大红台	9.万法归一殿	10.慈航普渡
11.洛伽胜境殿	12.权衡三界	13.戏台	14.圆台	15.千佛阁
16.白台	17.西五塔白台	18.东五塔白台	19.单塔白台	20.白台钟楼
21.三塔水口门	22.西门	23.东门		

图 4–32 承德普陀宗乘之庙总平面图

天津大学建筑系编：《承德古建筑：避暑山庄和外八庙》，中国建筑工业出版社，1982 年，图 407

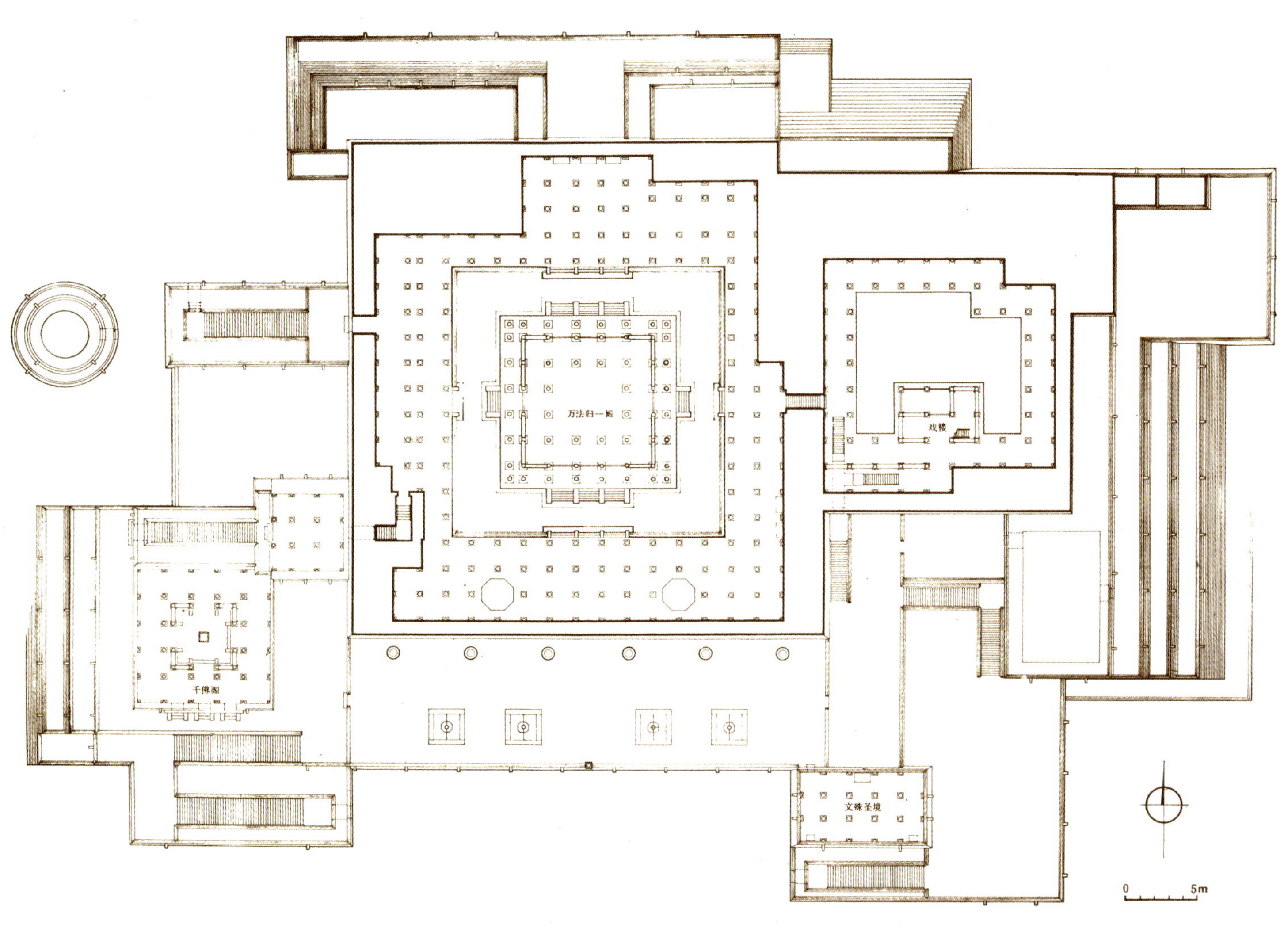

图 4–33　承德普陀宗乘之庙大红台平面图

天津大学建筑系编：《承德古建筑：避暑山庄和外八庙》，中国建筑工业出版社，1982 年，图 428

图 4-34　承德普陀宗乘之庙平面图与立面图

Laurence G. Liu, *Chinese Architecture.* London: Academy Editions, 1989, p.128

参考文献

中文部分

一、古代文献

［北齐］魏收:《魏书》，清乾隆四年武英殿校刻本。

［唐］道宣:《关中创立戒坛图经》,《大正藏》第 45 册。

［唐］道宣:《律相感通传》,《大正藏》第 45 册。

［唐］道宣:《广弘明集》,《大正藏》第 52 册。

［梁］僧祐:《出三藏记集》,《大正藏》第 55 册。

［梁］慧皎:《高僧传》,《大正藏》第 50 册。

［唐］道宣:《中天竺舍卫国祇洹寺图经》,《大正藏》第 45 册。

［唐］慧立，彦悰:《大唐大慈恩寺三藏法师传》,《大正藏》第 50 册。

［唐］道宣:《续高僧传》,《大正藏》第 50 册。

［梁］宝唱撰，［日］宗性集:《名僧传抄》,《续藏经》第 77 册。

［宋］志磐:《佛祖统记》,《大正藏》第 49 册。

［日］圆仁:《入唐求法巡礼行记》,《大藏经补编》第 18 册。

［北魏］杨衒之:《洛阳伽蓝记》，明嘉靖隐如堂刻本。

［唐］许嵩:《建康实录》，宋绍兴十八年刻递修本。

［西晋］陈寿:《三国志》，清乾隆四年武英殿校刻本。

［唐］姚思廉:《梁书》，清乾隆四年武英殿校刻本。

［梁］僧祐:《弘明集》,《大正藏》第 52 册。

［宋］范成大撰:《吴船录》，清乾隆三十七年知不足斋丛书本。

［宋］宋敏求:《长安志》，明成化四年郃阳书堂刻本。

［清］王昶:《金石萃编》，清嘉庆十年刻本。

［宋］李昉:《文苑英华》，宋嘉泰元年至四年刻本。

［明］李维桢:《万历山西通志》，明万历刻后印本。

［日］上田万年等:《新校群书类从》，内外书籍，1928 年。

二、研究论著

柴泽俊编:《山西古建筑通览》，山西人民出版社，1987 年。

次旺仁青:《色拉大乘洲》，民族出版社，1995 年。

杜斗诚:《敦煌五台山文献校录研究》，山西人民出版社，1991 年。

傅熹年:《中国早期佛教建筑布局演变及殿内像设的布置》,《傅熹年建筑史论文集》，文物出版社，1998 年。

龚国强:《隋唐长安城佛寺研究》，文物出版社，2006 年。

甲央，王明星等:《宝藏：中国西藏历史文物》，朝华出版社，2000 年。

木雅・曲吉建才:《神居之所：西藏建筑艺术》，中国建筑工业出版社，2009 年。

潘谷西编:《中国古代建筑史・元明建筑》，中国建筑工业出版社，2009 年。

宿白:《东汉魏晋南北朝佛寺布局初探》，田余庆编:《庆祝邓广铭教授九十华诞论文集》，河北教育出版社，1997 年。

孙大章编:《中国古代建筑史・清代建筑》，中国建筑工业出版社，2009 年。

孙儒僩，孙毅华:《敦煌石窟全集・建筑画卷》，商务印书馆，2001 年。

汤用彤:《汉魏两晋南北朝佛教史》，北京大学出版社，2011 年。

天津大学建筑系编:《承德古建筑：避暑山庄和外八庙》，中国建筑工业出版社，1982 年。

王贵祥：《中国汉传佛教建筑史：佛寺的建造，分布与寺院格局，建筑类型及其变迁》，清华大学出版社，2016年。

王磊义：《藏传佛教寺院美岱召五当召调查与研究》，中国藏学出版社，2009年。

萧默：《敦煌建筑研究》，机械工业出版社，2003年。

杨鸿勋：《杨鸿勋建筑考古学论文集》，清华大学出版社，2008年。

张秀生等：《正定隆兴寺》，文物出版社，2000年。

赵声良：《莫高窟第六一窟（五代）》，江苏美术出版社，1995年。

郑堆：《萨迦寺》，中国大百科全书出版社，2008年。

三、研究论文

陈捷，张昕：《汉藏交融化净土——智化寺神圣空间的意义塑造》，《美术研究》2017第1期。

陈薇：《历史如此流动——金陵大报恩寺遗址公园规划设计》，《建筑学报》2017年第1期。

陈耀东：《西藏阿里托林寺》，《文物》1995年第10期。

甘肃省博物馆：《武威雷台汉墓》，《考古学报》1974年第2期。

李德华：《唐代佛教寺院之子院浅析——以〈酉阳杂俎〉为例》，《中国建筑史论汇刊（第6辑）》2012年。

李勤璞：《景观转换：蒙古地区喇嘛寺院建筑样式和空间构造》，《西部蒙古论坛》2015年第4期。

李若水：《唐长安大兴善寺文殊阁营建工程复原研究》，《中国建筑史论汇刊（第6辑）》2012年。

罗炤：《应县木塔塑像的宗教崇拜体系》，《艺术史研究》2010年第12期。

马得志：《唐长安青龙寺遗址》，《考古学报》1989年第2期。

色莉玛：《8—11世纪西藏佛教寺院中来自印度佛教之因素：以桑耶寺与托林寺为例》，《四川文物》2012年第5期。

宿白：《隋代佛寺布局》，《考古与文物》1997年第2期。

宿白：《试论唐代长安佛教寺院的等级问题》，《文物》2009年第1期。

汤其领：《汉晋佛寺考论》，《徐州师范大学学报》2007年第6期。

王贵祥：《唐长安靖善坊大兴善寺大殿及寺院布局初探》，《中国建筑史论汇刊（第10辑）》2014年。

王媛：《〈全唐文〉中唐代佛寺布局与装饰研究》，《华中建筑》2009年第3期。

襄樊市文物考古研究所：《湖北襄樊樊城菜越三国墓发掘简报》，《文物》2010年第9期。

杨煦：《重构布达拉——承德普陀宗乘之庙的空间布置与象征结构》，《建筑学报》2014年第Z1期。

张剑波，王晶辰等：《朝阳北塔的结构勘察与修建历史》，《文物》1992年第7期。

钟晓青：《初唐佛教图经中的佛寺布局构想》，《美术大观》2015年第10期。

郭璇：《巴蜀摩崖佛寺研究》，重庆大学硕士学位论文，2001年。

李晓卉：《峨眉山伏虎寺建筑群研究》，重庆大学硕士学位论文，2017年。

吴葱：《青海乐都瞿昙寺建筑研究》，天津大学硕士学位论文，1994年。

日文部分

清水擴：《延暦寺の建築史的研究》，中央公论美术出版社，2009年。

伊藤延男：《禅宗建築》，至文堂，1976年。

关口欣也：《五山と禅院》，小学馆，1991年。

小野勝年：《中國隋唐長安寺院史料集成・史料篇》，法藏馆，1989年。

山根有三：《日本古寺美術全集・大德寺》，集英社，1979年。

奈良六大寺大観刊行会編：《奈良六大寺大観・法隆寺一》，岩波書店，2001年。

福田美穗：《元朝の皇室が造営した寺院－チベット系要素と中国系要素の融合》，《種智院大学研究紀要》，2008年第9期。

海野聡：《楼建築の見られる登れる要素》，《日本建築学会計画系論文集》，2011年第76卷。

上野勝久：《平安初期神護寺の伽藍構成とその配置》，《日本建築学会計画系論文报告集》，1987年第2期。

西文部分

Alexander André. *The Temples of Lhasa: Tibetan Buddhist Architecture from the 7th to the 21st Centuries*. Chicago: Serindia Publications, 2005.

Bogel Cynthea J. The Tōji Lecture Hall Statue Mandala and the Choreography of Mikkyō, Orzech C. D. ed. *Esoteric Buddhism and the Tantras in East Asia*. Leidon; Brill. 2011: 936-81.

Charleux Isabelle. *Temples et monastères de Mongolie-intérieure*. Paris: Éditions du C.T.H.S., 2006.

Charleux Isabelle. Qing Imperial Mandalic Architecture for Gelugpa Pontiffs Between Beijing, Inner Mongolia, and Amdo, LEHNER E, HARRER A, SINT. H. *Along the Great Wall: Architecture and Identity in China and Mongolia*. IVEA-ICRA. 2010: 107-18.

Chen Jinhua. "Pañcavārṣika" Assemblies in Liang Wudi's Buddhist Palace Chapel. *Harvard Journal of Asiatic Studies*, 2006, 66(1): 43-103.

Chinese Academy of Architecture. *Ancient Chinese Architecture*. Beijing: China Building Industry Press, 1982.

Klimburg-Salter Deborah E. Tabo, *a Lamp for the Kingdom: Early Indo-Tibetan Buddhist Art in the Western Himalaya*. Milan: Skira, 1997.

Kögel Eduard, Boerschmann Ernst. *The Grand Documentation: Ernst Boerschmann and Chinese Religious Architecture (1906-1931)*. Berlin: De Gruyter, 2015.

Levine Gregory P. A. *Daitokuji: The Visual Cultures of a Zen Monastery*. Seattle: University of Washington Press, 2005.

Liu Laurence G. *Chinese Architecture*. London: Academy Editions, 1989.

Miśra Bhāskaranātha. *Nālandā*. Delhi: B.R. Pub. Corp., 1998.

Mitra Debala. *Buddhist Monuments*. Calcutta: Sahitya Samsad, 1971.

Prip-Møller Johannes. *Chinese Buddhist Monasteries: Their Plan and Its Functions as a Setting for Buddhist Monastic Life*. Hong Kong: Hong Kong University Press, 1967.

Rajani M. B. The Expanse of Archaeological Remains at Nalanda: A Study Using Remote Sensing and GIS. *Archives of Asian Art*, 2016, 66(1): 1-23.

Sinding-Larsen Amund. *The Lhasa Atlas: Traditional Tibetan Architecture and Townscape*. Boston: Shambhala, 2001.

太后行宫
大雄殿
行宫
大悲楼
青龙井

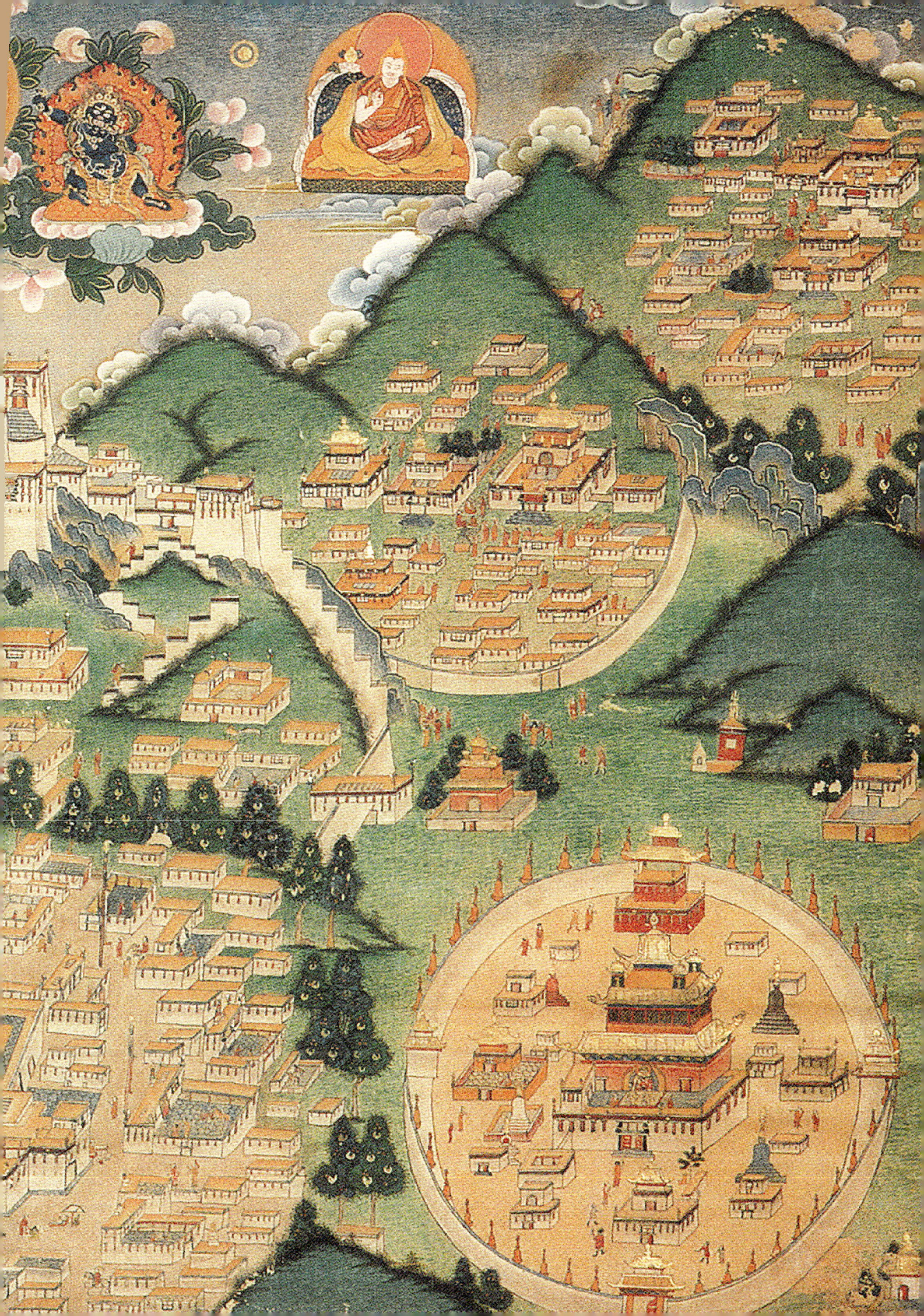